这才是清朝

鹿鼎公子◎著

4

第2版

雍正王朝

中国法制出版社
CHINA LEGAL PUBLISHING HOUSE

总序

清史洋洋洒洒近三百年，三百年间怪事、奇事、惨事、恨事迭出，三百年年年都精彩，年年都有挥之不去的喜怒爱恨。整个清朝三百年，道不尽的风云爱恨。

努尔哈赤以十三副铠甲起兵，建立了后金，身后留下了无数的尸体，却最终倒在宁远城下，栽在“书生”袁崇焕手中，这是对一个暴力征服者的最大讽刺。随后，努尔哈赤诸子开始斗智斗勇，最后皇太极靠谋略成功上位。

皇太极穷其一生的精力都在与明朝对抗，不幸暴毙后，大清国的统治陷入危机，多尔衮与豪格之争最终便宜了顺治。多尔衮率领清军入关后，成为皇父摄政王，将全国军政大权操于一手，顺治完全被架空。此时，孝庄和顺治母子随时都有生命危险，危难关头，孝庄稳住多尔衮，终于使大清逃过这一劫。

顺治是个痴情天子，亲政后经常跟母亲孝庄闹不愉快，结果自己和董鄂妃双双早逝。康熙继位时年仅八岁，不过这是个早熟的孩子，也是个很有天赋的孩子，很早就懂得帝王之术。在别人还是懵懂少年时，他就已经像个猎人一样盯紧了鳌拜，除掉鳌拜之后，康熙终于有机会施展自己的雄才大略。

康熙神不知鬼不觉地除掉鳌拜，平定三藩之乱，收复台湾，荡平准噶尔，击退沙俄……

雍正在治国理念上最大限度地奉行韩非子的法家思想。乾隆是个自作聪明的皇帝，他继位后，废除雍正的严刑峻法思路，重新走康熙的路子。但乾隆并不懂康熙真正的治国精髓，结果变成了外用儒术、内用权术，所以清朝在乾隆时期开始走向衰落。

自乾隆后期，动乱纷起，尤其是白莲教起义几乎波及整个中国。到了嘉庆手中，国家元气已大伤，嘉庆虽然是个仁君，可惜终究没有先祖那份雄才。他虽然减缓了国家的衰败，但始终没能重振大清的雄风。到了道光手中，国家就更惨了，第一次鸦片战争被英国人欺负得够呛，国内的动乱更是风起云涌。

咸丰就更悲剧了，太平天国和天地会起义，全国天翻地覆。更糟的是英法联军来了，他连京城都保不住，年仅三十岁便郁郁而终。咸丰死后，朝政大权掌握在慈禧手中，国家每况愈下，虽然中途出现过洋务运动和维新变法，可惜终究是昙花一现。

清末虽然出现了曾国藩、左宗棠这样的中兴名臣，但亡局已定。最终，辛亥革命一声炮响，末代皇帝溥仪退位。

千古帝王，悠悠万事，功过自有百姓言，清朝这些事儿，就交给读者去慢慢品味吧！

序言

顺治和康熙当上皇帝都有很大的运气因素在里面，但雍正和皇太极一样，能当上皇帝，全凭个人的能力。

雍正做皇子时并不被康熙看好，因为雍正不是一个讨人喜欢的人。不管是他的父亲康熙还是儿子乾隆，都不喜欢他。雍正之所以不讨人喜欢主要是因为他个性严苛，缺乏人情，做事心狠手辣。雍正固然不讨人喜欢，但治国还是有几把刷子的。

康熙末期，官僚集团开始腐败；随着康熙年龄的增大，再加上家事烦心，对这些事情也就睁一只眼，闭一只眼。雍正上台之后，立即大刀阔斧地整治腐败。

在雍正身上，两面性非常明显。就治国方面来说，他是一个英明的皇帝，尤其在吏治方面，在中国两千多年的封建王朝中，雍正堪称数一数二的能手。他的许多改革都将清朝的统治推向鼎盛，比如设立军机处、修订法律、实行摊丁入亩制度、推行耗羡归公和养廉银制度，这些改革在整顿吏治、改善国计民生方面的效果非常明显。

康熙末期的衰败在雍正手中得到了扭转，清朝的元气也在雍正的手中不断上升。

但是在对待反对派的问题上，雍正是非常残酷的，没有手下留情。他的亲弟弟胤禵被他终身圈禁，八王党被他收拾得干干净净，死的死，关的关，连他的亲生母亲都被他气死。雍正用铁血政策让朝中的人明白：跟我合作的人一定有好处，站在我对立面的人绝对没有好下场。

对于自己的两大功臣年羹尧和隆科多，雍正的表现则显得非常阴狠。需要用他们时，将他们捧上天，等到政权稳固，再将他们双双逼死，将其党羽一网打尽。

雍正是一个很难评价的复杂人物，说他是明君一点都不过分，因为他确实在其位，谋其政，是一个勤政的好皇帝，一生批阅奏折超过千万字，以至于很多人都说他是累死的。事实上雍正并不是一个仁君，跟朱元璋一样，他身上有很重的杀气，一旦有人触了他的逆鳞，他就要逼得这个人走投无路。

在治国方面，雍正外用法家内用权术，手段刚猛，不达目的誓不罢休，所以他提拔的许多人都是那种敢于得罪人的“硬汉”，像李卫、田文镜等人便是如此。

跟清朝的很多皇帝一样，雍正也是暴亡，暴亡的原因可能是丹药中毒。由于雍正极其善于作秀，很多人不知道他沉迷道术，在宫中，雍正花费巨资让道士们为自己炼制丹药，结果这些丹药反而要了他的命。

所以说，雍正可能远远比我们印象中的那个整天对着奏折挑灯夜战的皇帝复杂得多，读了这本书相信读者会有更深的体会。

目录

第一章　城府颇深的雍正笑到最后

这时候，胤禛的表现跟胤禩完全相反，他一副与世无争的样子，整日沉醉在佛教和诗词中。胤禛知道，储位固然好，皇帝自然尊贵，但争储风险太大了，搞不好什么都捞不着，还落得粉身碎骨的下场。康熙是一个非常精明的皇帝，跟精明的人玩精明是非常不划算的策略，与精明的人相处不妨大智若愚，与愚蠢的人相处不妨耍一些聪明。胤禛心术之高明由此可见一斑。

淡泊是一种策略

这本书我们要讲述清朝历史上较有争议的皇帝：雍正。

雍正的原名是爱新觉罗·胤禛，康熙的第四子，出生于康熙十七年十月三十日，即公历1678年12月13日。胤禛出生的时候平淡无奇，没有任何祥瑞。

胤禛是康熙的第十一个儿子，因为前面夭折了不少，所以胤禛排到了第四位，前面有三个哥哥，分别是胤禔、胤礽和胤祉；就排行来说，胤禛算是年长的儿子，这对于他将来竞争皇位是有利的。

我们再说说胤禛的母亲吧。乌雅氏是蒙古女人，隶属满洲正黄旗，父亲威武是个护军参领。胤禛的母亲出身并不高贵，胤禛诞生的第二年她被封为德嫔。不过，胤禛没有太多的时间享受母爱，胤禛幼年是由皇贵妃佟佳氏抚养的，她是一等公佟国维的女儿，在逝世前被册立为皇后。康熙为什么把胤禛交给皇后抚养呢？因为这位皇后在胤禛五岁那年生了一个女儿，却不幸夭折了，喜欢孩子的她悲痛不已。所以，看到胤禛活蹦乱跳的样子，康熙就想到了应该把他过继给佟佳贵妃。

佟贵妃对胤禛非常喜爱，视如己出，不幸的是六年后她忽然一病不起。这一年胤禛十一岁。得知佟贵妃病危的消息，康熙在她逝世的前三天封她为皇后。有的读者可能奇怪了，康熙不是很宠爱佟贵妃吗？为什么直到她快死了才封她为皇后？

说来，这跟康熙的迷信有关，前两个皇后都死得挺早，康熙认为自己克妻，就没有再封皇后。佟佳氏死后，康熙也再没有封皇后。

佟佳氏一死，胤禛相当于失去了半个母亲，佟佳氏虽然不是他的亲生母亲，但抚养之恩如同生母。之后，有一段时间，胤禛相当忧郁。怕他出什么意外，康熙还特地放下政务陪他。胤禛后来痴迷佛教，可能跟这段经历有关。

早年，胤禛跟其他皇子一样，受到良好而又严格的教育。在老师们的严格管教之下，胤禛德、智、体、美全面发展。老师们的水平都是一流的，大都是康熙朝的大官和理学家。这些老师中，对胤禛影响最大的是礼部尚书顾八代。顾八代不仅学识渊博，人也相当正直清廉，胤禛评价他“品行端方，学术醇正”。顾八代退休后，过着非常清贫的生活，他死后，家里甚至连办丧事的钱都拿不出。胤禛得知这个消息后，心里很难受，以学生的名义为老师操办丧事。

可以说，顾八代对胤禛的思想和精神有很大的影响，从而间接地影响到后来的雍正治国。

长期以来，胤禛并没有受到康熙的格外重视，过着一种书斋式的生活。所以，胤禛的古文功底很好，写了大量的诗。饱读史书无疑也增加了胤禛的智慧，提升了他的修养，让他在以后的储位斗争中能够引而不发、韬光养晦。胤禛的诗作跟李白、杜甫等人写的自然没法比，但是对仗工整、意境幽美，不是粗制滥造之作，比起“多产诗人”乾隆好上不止一个档次。

我们不妨看看胤禛在镇江金山寺题的一首诗：

宿慕金山寺，今方识化城。

雨昏春嶂合，石激晚潮鸣。

不辨江天色，惟闻钟磬声。

因知羁旅境，触景易生情。

诗中充满了佛教意蕴，反映了胤禛内心深处的另一面。而他内心深处的这一面对他继承大统有很大的影响。胤禛能够变成雍正皇帝跟他在两次废太子事件中的表现有很大关系。康熙第一次废掉太子后，大阿哥胤禔和八阿哥胤禩觊觎储位，公开活动，受到康熙责备后，依然没有收敛。

有时候太聪明了反而会给自己招来麻烦，胤禩就是这样一个人。在众皇子中，没有人比他更会笼络人心，在这方面连康熙都不是他的对手。朝中的文武官员大都看好胤禩，连大阿哥、九阿哥、十四阿哥都与他结盟。这样一来，太子被废后，胤禩的人望最高，形成了一个庞大的势力集团。对此，康熙是反感的，对儿子拉帮结派的行为他一向深恶痛绝，太子就是因此被废的。

这时候，胤禛的表现跟胤禩完全相反，他一副与世无争的样子，整日沉醉在佛教和诗词中。胤禛知道，储位固然好，皇帝自然尊贵，但争储风险太大了，搞不好什么都捞不着，还落得粉身碎骨的下场。康熙是一个非常精明的皇帝，跟精明的人玩精明是非常不划算的策略，与精明的人相处不妨大智若愚，与愚蠢的人相处不妨要一些聪明。胤禛心术之高明由此可见一斑。

在受封亲王的时候，胤禛主动提出降级，说自己本来爵位已经够高，现在又受封亲王，而一些弟弟爵位还不过是贝子，同样是兄弟，怕他们心里不舒服。

在整个争夺储位的过程中，胤禛表现出中立的姿态，既不支持任何一方，也不反对任何一方，这样一来，其他各方斗得你死我活，胤禛坐收渔翁之利。我们不知道胤禛沉溺佛法和山水是麻痹康熙和政敌的一种手段，还是他本真的性情，或者两者兼而有之，但这种策略确实很有效果，让他在一波又一波的政治风雨中安然走过，最终登上大宝。

胤禛写过一首诗《园居》："懒问浮沉事，闲娱花柳朝。吴儿调凤曲，越女按鸾箫。道许山僧访，棋将野叟招。漆园非所慕，适志即逍遥。"看到这么具有老庄气息的诗句，谁能想象得到这个人潜藏着政治野心。胤禛的《山居偶成》则模仿陶渊明的风格，再一次向世人展现自己的"淡泊"："山居且喜远纷华，俯仰乾坤野兴赊。千载勋名身外影，百年荣辱镜中花。金樽潦倒春将暮，蕙径葳蕤日又斜。闻道五湖烟景好，何缘蓑笠钓汀沙。"还有不少诗可以反映胤禛的隐士思想。

这些诗歌既可以看成是一种韬光养晦的策略，也可以看作它们在部分地反映胤禛的真实心情，因为在储位的争夺过程中，他并没有太大的优势。他的兄弟们能人实在太多了，要想脱颖而出他不得不小心谨慎，保存实力，直到该出手的时候才能出手。

我们先来说说胤禛的竞争对手十四阿哥胤禵。胤禵受到康熙打压后，胤禵变得异常活跃。他是胤禛的亲弟弟，同母所生，在争夺储位的阿哥里年龄是靠后的。他之所以打起了储位的主意，跟康熙对他的欣赏是分不开的。胤禵知道，要想成为储君，人缘要好，不仅要皇上喜欢，还得臣下拥戴。

胤禵积极联络朝野人士，尤其对德高望重的大学士李光地非常重视。但李光地这个人原则性很强，他没法拉拢，只好退而求其次，拉拢李光地的门人陈万策。胤禵为了扩大自己的影响力，对官员和士人们大肆拉拢，所以当时社会上流传“十四爷虚贤下士”的说法。明眼人都知道这位十四爷对储位兴致很浓。

不久，西藏发生叛乱，胤禵的表现机会来了，他向康熙请求带兵平叛。胤禛也提出了这个要求，结果康熙把这个机会给了十四阿哥。康熙对胤禵出征高度重视，他亲自主持了祭告礼；临行前，他在太和殿亲自把大将军印交给胤禵。胤禵骑马出天安门的时候，康熙率领诸王以及二品以上的官员送行。因为这次出征，胤禵的身份从贝子上升为亲王。

康熙将十几万大军的指挥权全部交给胤禵，由此确实可以看出他对胤禵的信任和重视。胤禵也确实有将兵才能，他到了西藏之后没有急于开战，而是选择整顿军队。中途，康熙召胤禵回京，跟他讨论用兵策略。

离京之前，胤禵对京城中争储的事情很不放心，他对胤禟说：“皇父年纪大了，如果有什么好歹，你一定要及时通知我。”胤禵倒不是完全出于关心皇父，而是怕自己错过储位。

当上大将军后，胤禵羽翼不断丰满，但由于资历威望甚浅，一时还没有形成气候。胤禩知道自己没有希望，于是希望这个弟弟能够入主东宫，成为未来的皇帝。胤禟跟胤禩一样，也在康熙面前夸奖他，说我们兄弟都不如胤禵。

胤禵到前线后，打仗反倒成了次要的事情，扩充实力、延揽人才成了主要的事情。胤禵还请人为自己算命，算命的人吹捧他"贵不可言"，可以当上皇帝。外人的吹捧和支持无疑让胤禵对皇位更加牵挂在心。对于皇位，胤禵也表现得相当热切。

胤禵这个大将军跟一般的大将军可不一样，废太子胤礽曾经就想做这个大将军，可惜没机会。胤禵的这个大将军权势甚至超过了当年统一中原、平定三藩时的大将军，炙手可热，位高权重。后来，胤禛说他："妄自尊大，做出种种不法的行为，我朝大将军如此行事者，从未闻之……"可见胤禵的与众不同，在当时很多人眼里，这个大将军位不过是登上太子的桥梁，相信胤禵自己也是这么认为的，康熙指望他立下战功，然后顺理成章地封他为王，再过渡到太子。

有一种说法，这种说法还出自雍正。他认为如果康熙真想立胤禵就不会让他在外带兵。康熙本身年老多病，如果真想立谁，肯定把他放在身边，以保万全。这种说法有道理，但是忽视了一个细节，康熙是一个对自己身体非常自信的皇帝，他从不觉得自己会不久于人世，对他来说，立一个人跟让这个人在自己身边没有太大的关系。

那么，到底谁是康熙心目中最合适的人选呢？说实话，还真没有特别完美的人选，就个人喜好来说，康熙更喜欢胤禵；但是从理智上来说，他认为胤禛更适合做皇帝。作为一个经历过大风大浪的年老皇帝，康熙看人还是有一套的。正因为感情跟理智产生冲突，他才迟迟没有做出决定，他还想继续观察，换句话说，他是想多给胤禵一些机会，如果他能抓住机会，立下战功，并且不断成熟老练，那么皇位就是属于他的。

很显然，胤禵没有让康熙特别满意。

雍正继位戒备森严

康熙是一个非常成功的皇帝，相信在内心深处他是自信、自豪的。然而，太子一事是他一生中最大的败笔。在封建社会，皇储绝不仅仅是家事，而且是国家大事，这事如果没处理好，政绩得扣分。

康熙第一次废了太子后，大病一场，还流出了无奈的泪水。第二次废太子，他说没事，感觉稀松平常。真的是这样吗？那恐怕是康熙的要强之语，第二次废太子后，康熙也很伤心，体质明显下降。

康熙最后是带着遗憾去世的，他本是一个杰出的帝王，却因为没处理好储君的事，留下了心头大憾，临终都没有幸福的感觉。

康熙一死，皇位落到了雍正手中。雍正还没坐上皇位，社会上就有他“弑父篡位”的传言。流言说雍正给康熙进了一碗人参汤，康熙喝过之后就腹中绞痛而死。这个传言是没有道理的，康熙当了六十一年的皇帝，警惕性相当高。加上太子事件，他对其他人从来不敢过于相信，雍正想要通过下毒谋害他，委实不太可能。而且，了解康熙生活习惯的人都知道，康熙是不喝人参汤的。

康熙五十一年（1712 年），曹寅病重，苏州织造李煦给康熙上密折，请求康熙赐给曹寅一些人参，当时康熙是这么回答的：“南方庸医，每每用补剂，而伤人者不计其数，须要小心。曹寅原肯吃人参，今得此病，亦是从人参中来的。”在康熙看来，服用人参是南方人的习惯，北方人跟人参不合，康熙自己就不吃人参，怕“无益有损”。

西洋人马国贤详细地记载了康熙驾崩：

1722 年 12 月 20 日（康熙六十一年十一月十三日），我当时与安哥拉神父暂住在皇上的一个叔父家中，当晚吃过晚餐，突然听到一阵阵嘈杂的声音从宫中（畅春园）传出，我深谙这个国家的情况，因此立刻将室门关闭，同时告诉我的同伴，如果不是皇帝驾崩，就是北京城发生暴乱了。

为了满足我的好奇心，我攀上了一堵临街的墙向外面张望。令人吃惊的是，我看到大群马队正在向不同方向疾驰，最后，在一队步卒通过时，我听到他们在交谈中说："康熙皇帝晏驾了。"

后来，我从御医口中获知，康熙皇帝钦点四皇子为继承人，立刻继位，并得到众人的拥戴。新皇帝首先要做的，是为大行皇帝（死去的皇帝）更衣，并在当晚移灵。新皇帝则乘马在众皇子、皇孙和宗室王公簇拥，以及无数武装士兵护卫下，前往紫禁城。

第二天，我和安哥拉及赛格罗神父回到京城，原想去宫里向康熙皇帝之死表示悼念，但始终没有获得允许。康熙皇帝崩逝后数日，当大丧仪注正在进行，新皇帝雍正同时宣布了大行皇帝的遗诏，正式宣布由他继承皇位。这在整个帝国，兴起一阵惊诧。

从马国贤的记录中，我们可以看到，雍正继位，出乎所有人的意料，这是一种危险的征兆。当别人反应过来时，第一句想说的话是："怎么是这个人当皇帝？"第二句话可能就是："凭什么啊？"

雍正对危险性估计得很充分，所以康熙死后第二天，他就命令隆科多关闭京城九门。这样一来，那些想兴风作浪的人就没有机会了。

康熙并不算是猝死，从生病到死亡有一个星期的时间，不像雍正，从不舒服到暴毙只有两天的时间。蹊跷的是，在清史中，康熙之死留下了太多的疑点，根据《李朝实录》

的记载，康熙的病是一天天好转的，当然这个不可信，很可能只是一种假象，或者是康熙自己的感觉。最可疑的是御医的诊断、用药的经过在史书里只字未提，有人可能会说史书一字千金，生病用药这些小事不值得书写进去。但事实不是这样的，清末的同治和光绪之死都有大量的就医诊断用药的资料。

也就是说，雍正也不能完全逃脱篡位的嫌疑。如果把这个案子交给法庭，他们也判断不出什么，只能作出推测，无论是支持雍正还是否认雍正篡位的人都拿不出有力的证据，所以这只能是一桩无头公案，仁者见仁，智者见智。

根据《李朝实录》，康熙在临终前留下了遗言，说第四子胤禛最贤明，可以继承大统，胤禛的儿子弘历有英雄气象，可以封为太子。《李朝实录》还说康熙弥留之际交代了雍正几件事："废太子和皇长子性格脾气不好，还像以前一样囚禁他们，但要让他们丰衣足食，让他们善终。废太子的第二个儿子朕很喜欢，封他为亲王。"

康熙这么做也是可以理解的，他不想雍正继位之后将废太子和皇长子置于死地，所以提前打好招呼，他相信自己的话在其死后还是管用的。雍正也确实给康熙面子，没有为难废太子和皇长子，但是对于康熙没有提到的阿哥，雍正则毫不留情，大打出手。

雍正继位之后，封胤禩和胤祥为亲王，虽然他没有封废太子的次子弘皙为亲王，但也封了郡王。第二年，雍正在北京西郊盖了一个王府，让弘皙过去住。雍正二年（1724 年），废太子去世，雍正追封他为和硕理亲王，按照亲王的规格给他治丧。皇长子直到雍正十二年（1734 年）才去世，雍正也没有为难他，在生活上给了他很多照顾。

在《李朝实录》里提到大学士马齐受康熙遗命，力挺雍正。我们知道，马齐以前是“八王党”的领袖，如果他和隆科多一起支持雍正，那么这似乎说明雍正继位确实是康熙的意思。

雍正继位之后，对马齐也很看重，授予他很高的官职。但是，马齐似乎并无意为雍正效力，除了主持康熙的丧事和编修《圣祖实录》比较用心，对其他的事情他一概不关心。雍正并没有因此而为难马齐，雍正五年（1727 年），雍正指定马齐的侄女富察氏为弘历的嫡福晋（即正室）。

在雍正继位的过程中，隆科多起了非常关键的作用。隆科多掌握着京城的卫戍部队，可以调动两万人马。他用手中的军队维护了新政权的稳定，所以在雍正王朝前期，隆科多和年羹尧成了雍正最重要的大臣。

第二章　拔掉眼中钉

我们看到，雍正在前期进行异己清洗的时候，并没有动辄举起屠刀。这是不是代表他很仁慈呢？从后来的情况看，完全不是这么回事。他之所以不杀，并不是不想杀，而是不敢杀。刚刚继位，政权不稳，杀多了很容易引起叛乱和政变。

先从亲弟弟开始吧

雍正当皇帝后，他的兄弟们名字中的“胤”全都必须改成“允”，尤其是雍正的亲弟弟，名字中的两个字必须全改。允禵原名是胤祯，雍正继位后，他就变成了允禵，后来的史书中，也只有胤禵了。

康熙死后第二天，雍正就任命八阿哥允禩和十三阿哥允祥、大学士马齐和理藩院尚书隆科多四人为总理事务大臣。

允祥是雍正的铁杆支持者，隆科多是雍正继位的得力干将，他们两人得到提拔大家都能理解。但雍正为何重用昔日的政敌允禩呢？

这实际上是雍正的一种策略。雍正继位时，根基浅，人心不稳，一方面，他要笼络人心，先稳住八王党；另一方面，这么做也可以给文武大臣一个印象：我雍正是一个宽容大度的皇帝。总理事务大臣位高权重，是新王朝的核心人物，雍正让允禩和马齐进入这个阵容，确实非常有胆识，对稳定人心起到了很大的作用。隆科多和允祥是雍正的心腹，雍正即使提拔允禩和马齐，有允祥和隆科多限制他们，他们也做不了什么手脚。这一招确实高明。

不仅如此，雍正封允禩和允祥为亲王，给予了允禩在康熙朝没有的待遇。雍正还大封允禩的亲信，致使以前八王党的一些人弹冠相庆。有人到允禩家里来道喜，允禩的妻子有先见之明，说道："有什么可喜的？不知道哪天就会掉脑袋！"允禩本人也看得很清楚，对大臣说："皇上今天加恩，未必不是为了明天诛杀。现在皇上对我施恩，我根本不相信这是真心的。"

雍正还任命允禩的亲信阿尔松阿为刑部尚书，但阿尔松阿怀疑这是雍正向自己伸出毒钩，将来有天会用这个职位害死自己，所以推辞不肯接受。应该说，允禩等人的担心也不是没有道理的，后来的事实证明了他们的忧虑。

对于拥兵在外的允禵，雍正就是想办法让他回来，削夺其手中兵权。雍正致信允禵说："皇考的丧事，如果你不能亲临，只怕你心里也不安宁，你还是尽快回来吧！"雍正一面召允禵回来，一面让辅国公延信赶到甘肃，接管允禵的帅印，并让川陕总督年羹尧监督延信。

允禵回京，完全是迫不得已。当然，允禵也可以选择兵变，率领大军攻向北京，但他没有这样做。原因何在？说来还是雍正高明，雍正早已安排年羹尧牵制允禵，如果允禵想要挥师直捣北京，年羹尧必然在半道阻击，允禵并无必胜的把握。此外，雍正厚待允禩，让阅历尚浅的允禵产生错觉，以为雍正没有加害兄弟之心，所以失去戒心。到这里我们可以看出，雍正提拔重用允禩用意深远！雍正不愧是个权谋大师。

允禵回来的路上一脸阴沉，还没到北京，他就给雍正写了一份公文，请示他是先去景山拜谒先皇灵柩，还是先祝贺新君登基。允禵这道题是故意让雍正难堪的，故意将新皇与先皇对立起来，暗示雍正篡位。

雍正貌似大度，让他先去拜谒先皇。允禵径直赶往寿皇殿在康熙灵前哭拜，恰好当时雍正也在那里。正是仇人见面分外眼红，雍正一副傲慢威严的样子，允禵悲愤至极，两眼冒火。本来，允禵认为父皇宠爱自己，如果父皇不是死得这么突然，皇位一定会传给自己，现在被雍正捷足先登，昔日的兄弟如今变成君臣，允禵觉得很不甘心。

当然，按照礼节，允禵不得不给雍正叩头，但允禵实在无法做到在雍正面前叩头，于是选择远远地给他叩头。论理，他还应该向新皇帝表示祝贺，但他实在说不出口。雍正为了显示大度，主动朝他走了几步，但允禵仍然不肯正眼瞧雍正。允禵的侍卫拉锡见此，便拉着允禵往前走，让他去跟雍正道贺。事后，允禵大骂拉锡，还向雍正告状说："我是皇上的弟弟，拉锡不过是一个下人。如果我有什么不是的地方，请皇上惩罚我；如果拉锡做错了，请皇上将他就地正法，以正国体。"

允禵表面上是对拉锡不满，其实是向雍正提出抗议，心术如此高明的雍正又怎么会看不出来呢？这正好给了雍正一个机会。雍正就坡下驴，大骂允禵心高气傲，不服管教，借机剥夺他的王爵，将他降为贝勒。

雍正元年（1723 年）三月底，雍正送康熙灵柩到遵化景陵，再次下旨教训了允禵一番。允禵心里不服，允禩怕事情闹大后不好收拾，让允禵跪下，允禵才勉强跪下。事后，雍正返京之前，让允禵留下来看守景陵，并让李如柏监视允禵，相当于软禁他。

雍正所做的远远不止这些。为了让大家心服口服，他还找来允禵昔日手下的将军询问："听说允禵以前在军中喜欢酗酒行凶？"允禵的将军们连忙矢口否认，雍正大怒，命人将这些人永远囚禁起来，甚至将他们十六岁以上的儿子也关押起来。这样一来，允禵势力等于被雍正轻而易举地瓦解了。

雍正对亲弟弟下这样的毒手，让他们的母亲德妃非常为难。雍正请她搬到宁寿宫来住，她以服丧为由拒不接受。已经做了太后的德妃也经常替允禵说情，可惜雍正丝毫不动情，而允禵也相当倔强，不肯低头服软。一个母亲处在这种境地里，简直是生不如死，看着大儿子把小儿子整治得生不如死，做母亲的肝肠寸断却毫无办法。最终，雍正元年（1723 年）五月二十二日，德妃暴毙，从生病到死亡不过十几个小时。

太后死得确实蹊跷，但具体是怎么死的，恐怕还是个谜。太后死后，雍正封允禵为郡王作为补偿，但是仍然把他囚禁起来。后来，允禵的福晋去世，雍正给她指定了一块墓地，允禵以风水不好为由拒绝，经允祼劝说，他才勉强接受。

经过这么多打击和惩罚，允禵心里郁结着仇恨，气愤至极，给雍正上了一份奏折说："我现在快走到尽头了，一身是病，活不了多久……"意思是：你现在满意了吗？

允禵的厄运一直持续到清高宗乾隆继位。乾隆继位之后，允禵终于恢复自由，被封为辅国公，允禵最后活了六十八岁，比雍正还多活了十年。

老八最可恨，先剪他翅膀

如果说允禵很倒霉，那么九阿哥允禟的命运就是悲惨了。

允禟的母亲宜妃生前深受康熙宠爱，仗着这层关系，康熙死后，她跑到康熙灵堂前，仍旧摆出母妃的架子，眼里丝毫没有雍正这个新君。以雍正的脾气是无法忍受这种无礼的。

当然，雍正不好直接拿父皇的爱妃开刀，按雍正的习惯，一向喜欢先砍枝叶，然后再砍倒整棵大树。

雍正元年（1723年）十二月初三，雍正借口宜妃的太监张起用违法做买卖，将他发配到土尔鲁，这是打狗给主人看。允禟的太监李尽忠被发配到云南边地当苦力，太监何玉柱发配给披甲人做奴隶，这些太监家产籍没。雍正还给出“优惠”条件：“如果不愿发配也可以，就地自裁，死后尸骨仍然发往发配之地。”

以雍正残酷的性格，事情当然不会到此为止。同月，他又逮捕了为允禟料理家务的礼科给事中秦道然。当然，雍正一定会给出理由：秦道然仗势欺人，贪赃枉法。雍正把他家抄了后，发现他所有家产加起来不到一万两银子。抄完秦道然家之后，雍正还不满足，大骂允禟“文才武略，一无可取”。后来，雍正借口允禵从前线回来，前方缺人，让允禟前去西宁。允禟清楚这是在变相发配自己，推说要为父皇守灵，不愿去。

雍正不同意，命令他立刻前往。允禟到了青海大通县后，年羹尧就派人过来监视他，雍正还提醒年羹尧不要让看守士兵被允禟收买了。允禟在大通县待了一段时间，便上奏请求回京，雍正简单地批复一个“知道了”，就没有回音，私下里仍然让年羹尧加紧看住允禟。

后来允禟派人到河州买草，看牧地，这事被雍正知道了，让宗人府给他治罪，说他“违反军法，肆行边地”，将他贝子的爵位革去。

八王党的中坚分子除了允禟，还有十阿哥允䄉。他也是八王的铁杆支持者，在雍正上台之前，他极力阻止，所以雍正对他恨之入骨。康熙生前，曾经指定十阿哥允䄉掌管正黄旗事务。雍正上台之后，无法容忍他继续掌管正黄旗，以免他日久坐大。雍正继位十天后，就剥夺了允䄉手中的权力，将正黄旗满洲、蒙古、汉军三个都统全部换成自己的人，等于是把允䄉给架空了。

喀尔喀蒙古的首领哲布尊丹巴呼图克图到京城拜谒康熙灵柩，没想到来到之后一病不起，直接跟随康熙到极乐世界去了。雍正正好借机找允䄉的麻烦，他让允䄉护送哲布尊的灵龛回喀尔喀。允䄉不愿离开京城，说自己没钱准备马匹和行李，雍正不许，命他赶快行动。不得已，允䄉只好上路。到了张家口后，允䄉不愿继续往前走，居然在张家口那里住了下来。雍正得知后，大概是窃喜的吧，终于可以收拾人了。他故意问允祺："应该怎么处置允䄉呢？"

允祺说："给允䄉发一道公文，让他继续前进。"

雍正阴沉地说："允䄉既然不愿去，何必让他继续前行呢？你回去再想想，这事应该怎么处理。"

允䄉待在张家口后，既不前行，也不让人回来向皇帝请罪。雍正大怒之下，让允䄉回到京城，他一回京城，就开始将他治罪抄家。审判的结果是：革去王爵，永远囚禁，抄没银两六十多万两。这下，雍正得理了，质问允䄉："你说没钱准备行李，从你家里抄出的六十多万两银子又作何解释呢？”

至此，不得不佩服雍正手段之狠，他打击允䄉，分化八王党，还让允禩议罪，把皮球踢给允禩。如果允禩袒护允䄉，正好可以借机打击允禩；如果允禩提议惩办允䄉，雍正就拍手附和，给人造成一种假象，允䄉获罪是允禩一手制造的。这一招，狠狠地打击和分化了八王党。

在雍正的铁腕之下，大家的日子都不好过。雍正虽然厚待允禩，严厉打击允禵、允禟和允䄉，好像对兄弟们区别对待，其实性质是一样的。允禵是他最强劲的竞争对手，所以康熙一死他就对允禵下手，在火势还未蔓延的时候就灭火，效果很好。至于厚待允禩，只不过是把他绑在自己的龙车上，让他不能兴风作浪，等到腾出手来，随时可以把允禩推下车。允禟因为母亲的关系，有一定的号召力，如果母子联合起来是有可能乱政的，所以雍正毫不手软地收拾了他们。允䄉并不是八王党的核心人物，对他处罚得严厉一点暂时不会引起八王党的骚乱，而且可以起到敲山震虎的作用。

在对待政敌的过程中，雍正软硬兼施，克制又残忍。他先后剥夺了允祹的正白旗和镶黄旗军权以及允祐的正蓝旗军权。不过，雍正采取了打一巴掌抚一下的策略，解除他们军权后，雍正又拉拢他们，提升允祹为履郡王。但允祹知道雍正的居心，丝毫不感激雍正，反而心怀不满。结果，雍正大怒，以允祹“不知感激”为由，革去他的王爵，仍命他“固山贝子一职上行走”。允祐则显得识时务多了，他明白雍正的意图，立刻脱离和允禩、允禟的关系，对此，雍正很满意，大手一挥，封他为亲王。

我们看到，雍正在前期进行异己清洗的时候，并没有动辄举起屠刀。这是不是代表他很仁慈呢？从后来的情况看，完全不是这么回事。他之所以不杀，并不是不想杀，而是不敢杀。刚刚继位，政权不稳，杀多了很容易引起叛乱和政变。雍正对此是非常清楚的，他经常责备兄弟们："你们这些人恣意妄行，其实就是想让朕把你们治罪，然后让世人骂朕兄弟相残。"

雍正还说过："允禩很想激怒朕，让朕怒极杀人，等杀人多了，众叛亲离，你们这些人就可以侥幸起事了，朕是不会上当的。"

尽管雍正没有对兄弟们大开杀戒，当时朝野上下也有很多人议论雍正，说雍正凌逼弟辈，挟私报复。当时很多朝廷大臣也对雍正的做法不满，翰林院学士孙嘉淦公开上书，向雍正建议"亲骨肉，停捐纳，罢西兵"。

如果换作一般的皇帝，肯定会大怒。但雍正不仅没有惩治孙嘉淦，反而提升他为国子监司业，表示自己并不是不懂得"亲骨肉"的人，也不是听不进别人意见的皇帝。雍正这招高明的地方在于，把世人的言论堵回去：不是我不"亲骨肉"，是有些人太过分，我没法亲。

雍正虽然手段狠辣，但也不想落个诛杀兄弟的罪名，所以他用软刀子让兄弟们走投无路，自己选择死路。比如，大臣们经常奏请让雍正杀了允禵，雍正却表现出自己“宽大”的一面，他说：“允禵和允禟、允禩这些人应该区别对待，允禵只是糊涂，行事狂妄，另外两个人却阴险狡诈。”

当然，在这个过程中雍正对自身的安危也非常谨慎。雍正初年，发生过两次险情。一次是出宫祭祀，隆科多说有刺客，在祭案下面搜查，最终证明是虚惊一场。还有一次是到东陵祭拜，隆科多说诸王可能有变，要及早防备。雍正后来解释自己为什么不像康熙那样秋狝，主要是担心被人刺杀。

对书呆子阿哥允祉，雍正也没有让他过得舒服，当然，允祉的威胁不大，没必要大动干戈。雍正只是把允祉的手下陈梦雷收拾了，也算是警告允祉要安分守己。雍正说陈梦雷是耿继茂叛逆案中的从犯，以前康熙赦免了他，他还不思悔改，仍然招摇无忌，做出种种不法之事。虽然康熙已经宽恕了他，不适宜加重刑罚，但也要发配到边远地方，让他好好反思。

小喽啰们收拾得差不多了，雍正开始把斗争矛头直指允禩，在真正打倒一个人之前，雍正总要先来一点“小点心”。对雍正来说，“小点心”就是侮辱责骂，雍正指责允禩在母丧的时候，虚伪矫情。不久，他又当着诸王大臣的面指责，说允禩从前就作恶，朕继位后不计较他过去的过错，但他还是不知痛改前非，仍然私心很重，对大位抱着侥幸的心理。说完，雍正让大臣们给他议罪，而且雍正让大臣们如实揭发，不可以有丝毫的隐瞒。

第二年春，青海的叛乱被年羹尧平定，雍正的位子坐得更稳，这也意味着他可以举起屠刀了。

八王党要收拾干净

雍正二年（1724年）七月，《御制朋党论》发表，这是一个重要的讯号，意味着风暴即将来临。表面上，这篇文章是攻击欧阳修的《朋党论》，实际上，这是雍正清除朋党的“檄文”。

允禩的死期似乎快到了，中间雍正却停顿了一段时间，原来他要对付年羹尧和隆科多。

八月，雍正召集宗室诸王训话，严厉谴责允禵、允禩、允禟、允䄉等人结党营私，企图造反。雍正把话说到这份上了，大家心里都明白，这是雍正发起总攻的讯号。

虽然因为年羹尧和隆科多的事放慢了步伐，但雍正还是时刻惦记着八王党，中途经常跳出来责骂他们。十一月，雍正宣布以叛国罪处置八王党等人，接着就是应接不暇的斗争。

雍正三年（1725年）二月，雍正召集诸王大臣，严厉斥责允䄉，说允䄉不按规矩跪迎圣旨，反而说自己是打算出家的人，不受君臣约束；允祴也好不到哪里，他在祈祷疏文中，竟然用“雍正新君”这样的字眼，分明是大不敬；鄂伦岱在乾清门当着众人的面，把降给阿尔松阿的谕旨扔在地上……

这段时间雍正一直在对付年羹尧和隆科多。雍正四年（1726年），终于腾出手。正月初五，雍正发出一道圣旨，罗列允禩的罪状。惩治结果很快就出来了，将允禩削除宗籍，逐出宗室。允禩的妻子革去福晋头衔，回娘家，派人严加看守，不可和允禩往来。后来，允禩被囚禁在高墙里。与此同时，允禟也被抄家，贝子鲁宾曾经为允禵和允禩联系，此时被揭发后，也被圈禁起来。镇国公永谦由于袒护允禩，被革去世爵。

三月，雍正又剥夺了允禩的名字，给他取了个“阿其那”的名字。

这样一来，舆论对允禩等人的同情越来越多，都觉得雍正这个人冷酷无情，不念手足之情。雍正对此很伤脑筋，他总是说：“你们都是被他愚弄了，不是朕苛刻，他一点都不冤枉……”

很少有人相信雍正的话，他的话也不足为信。

这时，正黄旗有一个叫蔡怀玺的人去了景陵，想见允禵。允禵被整怕了，不想再多事，拒不见他。蔡怀玺不死心，写了“二七便为主，贵人守宗山”“以九王之母为太后”这样的字条扔到允禵的院子里，意思无非是说将来起事十四爷还是要做皇帝的，到时候可以九王允禟的母亲为太后。

蔡怀玺的不法举动被马兰峪总兵范时绎察觉后，被送进监狱。大约同时，天津人郭允进起事，此人称遇到了洪觉禅师，得授兵法，并散发“十月作乱，八佛被囚，军民怨新主”的传单。八佛指的是八王允禩，传单号召大家在十月起来造反，推翻天怒人怨的雍正，立八王为皇帝。

这些造反活动当然难逃雍正法眼。五月，雍正向全民公布允禩、允禟、允禵、允䄉的罪状，还将允禟改名为“塞思黑”。允禟的下场是非常惨的，他被关押在保定，牢房是三间小房，四面都有高墙，前门是封闭的，不能随意开启，食物装在一个铁桶里传进去，外面有专门的官兵把守。

牢房又小又暗又潮，允禟手脚被套着锁链，在狱中受尽折磨。不到三个月，允禟就病死在牢中。得到允禟的死讯，雍正没有任何的怜悯，只说：“允禟这个人罪有应得。”

外界不相信允禟是病死的，都认为是雍正下的毒手。楚宗在奏折中说，他押允禟到保定的时候，李绂曾经对他说可以“便宜行事”。雍正和李绂都说不知道这件事。后来有人说李绂受雍正之命谋害了允禟，雍正便把责任全推到李绂的身上，说允禟生病的时候你怎么不告诉我，你应该把他病死的情况告诉大家。李绂自然只能沉默，老老实实地把黑锅背上。

蔡怀玺事件发生后，雍正对允禵更加不放心，把他从遵化调到京城景山的寿皇殿，让他对着康熙的画像缅怀父亲的养育之恩。不久，蔡怀玺被迫自杀。

鄂伦岱、阿尔松阿以前是八王的人，雍正给他们治了个结党作恶的罪，将两人抄家处斩，妻子没入内务府。七月，天津造反头领郭允进被捉住后砍头。九月，允禩在幽禁之地死亡。雍正说他做的坏事太多，服了冥诛，阎王爷代自己动手了。

允禩一死，在康熙和雍正两朝枝繁叶茂的八王党宣告破产。

对那些同情和偏袒八王的人，雍正也是毫不留情。山西人令狐士义以前受过允禟的资助，听说允禟被关押，提出“愿附有道之主，不附无道之君”的口号，表示要联合山西和陕西的军民，一同营救允禟。最后，允禟没有救出来，令狐士义赔上了自己的性命。山西布政使高成龄在审理允禟太监李大成的时候，没有奏请斩立决，雍正不高兴，故意找高成龄麻烦，说高成龄和阿其那、塞思黑关系好，有意偏袒他们，于是将审判官高成龄变成案犯。

允禵因为是雍正的亲兄弟，出于对母亲的尊重，雍正也不便把他处死。

至此，雍正王朝终于得到有效的巩固。雍正曾经对诸王大臣说过这样的话：“你们大臣之中，只要有一个人，明奏或者密奏，说允禩比我贤明，为人稳重，能够对社稷国家有福，我就立刻让位，不会有丝毫迟疑。”

说出这样的话，说明雍正当时的处境确实很尴尬，名义上是皇帝，但是威权严重不足。而现在对手都被消灭了，放眼天下，再也没有威胁到自己统治地位的人。

雍正能不得意吗？

康熙儿子们的命运

在雍正兄弟中，唯一得到恩宠的是十三弟允祥，这跟他选择正确有关系。他很早就依附雍正，忠心耿耿，没有丝毫僭越之心。允祥是由雍正的生母德妃抚养长大的，雍正跟自己的亲弟弟允禵不亲，跟允祥关系倒挺近。雍正继位没多久，允祥就被封为亲王。雍正八年（1730年）五月初四，允祥去世，雍正将胤祥的名字还给他，配享太庙。

允祉是雍正的哥哥，也是一个比较识时务的人，雍正登基的时候第一个下跪的人就是他，而且他是一个学者，没什么政治野心。但是在康熙晚年，允祉还是受到了重用，甚至有争储的希望。雍正是一个记仇不记恩的人，他上台之后，首先打击允祉的门人，后来又让允祉守了一段时间的陵。不过，允祉在雍正朝倒还平静，他既没担任什么重要职务，也没有和雍正发生什么冲突，不过他的儿子弘晟犯了错，被革去了世子之位。

雍正六年（1728年），允祉因为追讨一个大臣的银两，在朝堂上大吼，惹恼了雍正，被降为郡王。雍正八年（1730年），雍正恢复允祉的王爵，几个月后，雍正又剥夺了允祉的王爵。允祉这次被惩罚的原因用现在的话说是“迟到早退”。当时雍正最宠信的弟弟允祥去世，在治丧期间，允祉经常来得晚去得早，雍正一气之下，给他拟定了十二大罪状；大臣们说应该处死他，雍正说，算了吧，还是从轻发落，革爵幽禁。

雍正十年（1732年）五月初九，允祉去世，活了五十六岁。乾隆当家后，恢复允祉的爵位和宗室地位，将他的名字收入皇家玉牒。不过，允祉的大儿子弘晟虽然被释放，但无官无爵，成为闲散宗室。允祉的小儿子弘景被封为贝子，子孙沿袭爵位。

五阿哥允祺相对平淡很多，在康熙朝的时候他几乎就是一个隐形人，到了雍正朝更不用说。允祺一生无风无雨，死得很平静，他和允祉在同一天去世，终年五十四岁。

七阿哥允祐是个残疾人，由于没有卷入过储位之争，加上做事情认真负责，被雍正封为和硕淳亲王，雍正八年（1730年）去世，终年五十一岁。

十二阿哥允祹先是被封为多罗履郡王，由于没有处理好和雍正的关系，两年后，降为贝子。没过多久，允祹又犯错，被降为镇国公。允祥去世以后，雍正才恢复允祹多罗履郡王的爵位。雍正的丧事就是允祹操办的。乾隆在位期间，允祹被封为和硕履亲王。乾隆三年（1738年），皇太子永琏夭折，允祹继续操办丧事，简直可称得上是治丧专家。乾隆十六年（1751年），时年六十六岁的允祹唯一的儿子弘昆去世，为了安慰叔父，乾隆把自己的儿子永瑊过继给他。允祹的母亲一直活到九十七岁才去世；母亲去世六年后，允祹去世，终年七十九岁。

十五阿哥允禑在雍正四年（1726 年）被封为贝勒，三十九岁时突然病故。十六阿哥允禄对数学挺有天赋，参与编修了《数理精蕴》一书，允禄虽然没有什么大的政治作为，但一直得到雍正的赏识。雍正元年（1723 年），和硕庄亲王博果铎去世，无后，雍正让允禄袭取庄亲王的爵位。雍正驾崩后，允禄是四辅政大臣之一，乾隆前期重用允禄，给予他双倍的薪俸。后来，允禄跟乾隆的皇子们交往频繁，遭人参劾。

乾隆觉得允禄这个人平庸无能，成不了大事，跟皇子们往来不过是饮酒作乐，是以从宽发落，免去他的职务，保留了他亲王的爵位。此后，允禄老实了许多，乾隆三十二年（1767 年），允禄去世，终年七十三岁。

十七阿哥允礼由于年龄较小，二十六岁之前没有被封过，因此也谈不上什么储位之争。雍正继位后，封允礼为果郡王，后来又派允礼处理西藏事务。雍正驾崩后，允礼成为辅政大臣之一，被晋封为亲王，可惜允礼天年不永，四十二岁时就去世。允礼没有子嗣，乾隆让他的弟弟弘曕承袭他的爵位。

二十阿哥允祎，康熙去世时他才十七岁，储位之争跟他更不沾边，雍正后来封他为贝勒。但允祎这个人非常懒，雍正曾骂他“人本庸愚，性复懒惰”。十一年（1733 年），雍正派他去祭陵，结果这个懒弟弟走到通州就打道回府，说生病了，其实是嫌累。第二年，雍正又让他去祭陵，这次，他还是托病不去。雍正愤怒之下，将他连降三级，从贝勒降到镇国公。

乾隆继位之后，恢复了允祎的贝勒爵位；尽管如此，乾隆其实比他老爹更狠，让他带着三十九人去守陵，让你祭陵你懒得去，那好，你就整年守在那里吧！这位懒人在那里待了二十年，直到乾隆二十年（1755年）死在那里，他也葬在那里，终年五十岁。

最后四个阿哥跟乾隆的年纪差不多，他们都没受到雍正的打压，没有什么值得一提的地方。

第三章　功臣血宴

年羹尧平定青海叛乱后，志得意满，汪景祺适时提醒他要低调内敛，为此他写了一篇《功臣不可为》的文章给年羹尧，对他说功臣不好做，问题就出在皇帝身上，功臣为皇帝平乱，往往会遭到猜忌，因为皇帝认为能够平乱的人一定也能作乱；功臣封赏后，常常受到小人的嫉妒和中伤，要是仗着自己的功绩在君王面前提建议，往往被君主视为骄横。

雍正坐山观虎斗

年羹尧和隆科多是雍正最重视的两个心腹重臣，两人在雍正继位和巩固皇位的过程中起了至关重要的作用。可以这样说，没有年、隆二人，雍正坐不上皇位，至少坐不稳皇位。

对年羹尧，雍正宠信至极，继位后，授予他一等公爵号，加封一等阿思哈尼哈番世职，赐给年羹尧的儿子年富双眼孔雀翎、四团龙补服，还将年羹尧的妹妹由侧福晋晋升到敦肃皇贵妃。在平定青海叛乱前，雍正为了笼络年羹尧，下令："西北军务，交给年羹尧全权处理，调兵遣将、动用粮草、边防等事务一切按照年羹尧的意思办……"

雍正还命令四川提督岳钟琪："西北防务，都由年羹尧全权调度。"

雍正不仅让年羹尧掌管西北地区的军权，还让他参与政事，有问题都会咨询年羹尧，以示对他的尊重。

为了让年羹尧死心塌地，雍正还对他的家属关照入微，经常把其家属的情况告诉年羹尧，以示对其家人的关心。有一次，雍正让人从北京快马飞奔西安，用了六天的时间，仅仅是为了给年羹尧送去新鲜的荔枝。年羹尧平定西北后，位高权重，俨然是没有封王的西北王。

在平定青海叛乱后，雍正竟然称年羹尧为自己的"恩人"；他发谕旨给年羹尧：朕实在不知道如何去疼你，用词语来描述你的功劳太无力。西北危险之际，朕心烦意乱，你给朕的奏折总是安慰朕，不想朕有任何的烦扰，其中的情感朕岂能不知。你是如此体谅朕，朕全都感知到了。每每向怡亲王谈到你，朕总是难以忍住泪水。朕有你这样的臣子，实在是一种幸运啊！

在封赏方面，雍正对年羹尧毫不吝惜，查抄苏州织造李煦的家产后，将李煦的所有房屋都赏给了年羹尧，仆人也是任由年羹尧挑选。

雍正还在大臣面前夸奖年羹尧，他说："像年羹尧这种为国出力的人，是国家的栋梁，不但朕依靠他嘉奖他，朕的子孙和臣民们也该对他尊敬仰赖，如果有一点点的负心，就不是朕的后代。如果臣民对年羹尧有一点点的不敬，就不是朕的子民。"

年羹尧虽然远在边陲，对于朝政的影响也不可忽视；雍正的姿态可以理解为稳住年羹尧，担心他思想不稳定。雍正经常让年羹尧上密折议政，年羹尧和雍正的部分往来书信至今还保存在中国第一历史档案馆中。

雍正在惩办允禟后，就把允禟交给年羹尧看管，后来雍正还问他关于允禟的情况。年羹尧也算是个厚道人，他实话实说："允禟颇知道收敛。"这样的回答显然是让雍正无法满意的，雍正告诉他，允禟和允禩是不可能改变的，你一定要小心提防。

在用人和决策方面，雍正也常常和年羹尧商量，经常以年羹尧的意见决定人员的去留。雍正曾听到人们议论京口将军何天培，由于众说纷纭，雍正不知道何天培到底是什么样的人，便去问年羹尧。葛继孔是江苏按察使，年羹尧参了他一本，立刻被雍正降职。赵之垣是代理直隶巡抚，年羹尧说这个人是纨绔子弟，雍正听了，立刻将此人撤职。雍正准备让宋可进担任江西南赣总兵，年羹尧说这个人不可用，黄起宪适合这个位子，雍正马上采纳了他的建议……

年羹尧受到雍正这般器重，难免会有骄矜之气。

雍正元年（1723 年）春天，年羹尧进京，路过陕西，发现该地歉收，仍让巡抚征收钱粮，巡抚没有照办。年羹尧将此事告诉雍正，雍正将巡抚撤职，这等于肯定了年羹尧越境管事的权力。这时，年羹尧可能没意识到他的举动触犯了帝王的忌讳，虽然雍正没批评他，还按他的意思办事。

雍正二年（1724 年）十月，年羹尧回京。雍正让礼部制定迎接年羹尧的礼仪，结果一个侍郎因为拟定得不够妥当，被降一级。年羹尧进京时，王公以下的大臣都要跪地迎接；坐在高头大马上的年羹尧对文武百官甚至懒得看一眼。骄矜如此，已伏大祸。对那些问候他的王公大臣，年羹尧也只是点点头，似乎这些人全不入他的法眼。

雍正对年羹尧的好已近乎肉麻的程度。物极必反，君臣关系太近往往是一种危险的征兆。

隆科多的地位也非常尊崇，雍正视之为第一功臣，封一等公，加太子太保头衔，兼任总理事务大臣和吏部尚书。当然，隆科多和雍正的关系不及年羹尧，毕竟隆科多曾经投靠允禩。为了表示对隆科多的尊重，雍正还尊称其为舅舅，隆科多实际并不是雍正的舅舅。这时，隆科多是“密勿大臣”，参与国家重大事务的决策，在当时的地位相当于丞相。雍正说他是“当代第一超群拔类之稀有大臣”，同样非常肉麻。在对待功臣方面，肉麻几乎是雍正的一种策略，通过这种方式稳住自己的统治集团，淡化内部矛盾。

偏偏雍正的左膀右臂矛盾不断。年羹尧看不起隆科多，在雍正面前指责隆科多能力平常，不能担大任。隆科多则指责年羹尧性情狂傲，为人嚣张，而且见风使舵，不能相信。

两大权臣互掐，对雍正来说并不是坏事，但是也不能让他们掐得太过火，那样会影响高层的稳定。雍正经常居中调停二人的矛盾，希望重臣和睦，国家昌盛。有一次，雍正在年羹尧请求年内进京的奏折上批道："舅舅隆科多说，有些事必须等你来了才能商量。"等于在告诉年羹尧，隆科多很尊敬你。

为了澄清年羹尧对隆科多的误解，雍正还说："舅舅隆科多，朕以前不了解他，现在才知道，他是先皇的忠臣、朕的功臣、国家良臣……"

为了让年羹尧和隆科多紧密地团结在自己的周围，雍正自作主张要把年羹尧的长子年熙过继给隆科多当儿子。隆科多的脾气比年羹尧要好，得知这个消息，他很高兴，说自己命中注定该有第三个儿子，现在得到皇上的恩赐，好像是得到上天的赐予一样。隆科多将年熙更名为得住，并表示从今以后和年羹尧团结友好，隆科多说："如果我二人给人感觉像两个人，那么就是有负皇上了。"

事情到了这个地步，年羹尧当然也不会不给面子。

年、隆的和好也是雍正的一种策略，要稳定全国首先必须安内，因为要安内，雍正难免纵容年、隆两位权臣。这两人功盖当时，但是也骄纵擅权，不过他们的骄横很大程度上是雍正一手培养起来的。

连年羹尧保举的官员都说年羹尧“狂纵”。戴铎就揭发年羹尧违规让家奴桑承鼎当官，来喜说雍正听任隆科多等人擅权，用人唯亲。对于这些言论，雍正给予了严厉的批评，说这些人的话都是无知言论。从某种意义上来说，确实是无知言论，雍正的心思他们揣测不了。不久，雍正就开始收拾年羹尧和隆科多，罪名就是之前那些人提出的。

权谋大师雍正当然比谁都清楚权臣对君权的危害。年羹尧和隆科多权势虽然煊赫，但雍正很早就给他们套上了项圈。隆科多的职位最高，但雍正不让他当大学士，让他与大臣有一定程度的隔绝；年羹尧尽管手握兵权，雍正却不让他在朝中当官，两人都受到了制约。所以，隆科多官职再高，也无法跟地方大员联络，掌控兵权；年羹尧兵权再重，也不能和朝中大臣结党。而且，雍正不断拔高隆科多和年羹尧的地位，故意让这两人处于风口浪尖，引起朝中大臣的不满。最后，朝臣必然站在自己这边，要求严惩隆科多和年羹尧。

雍正的心术实在太高明，高明得让人感到害怕。

与年羹尧决裂

年羹尧跟雍正的关系有点类似于鳌拜跟皇太极的关系；年羹尧追随雍正长达三十多年，立下了赫赫战功，也为雍正王朝的巩固做出了重大的贡献。

功高震主向来为人君所忌讳，年羹尧的下场是很惨的，死前被罗列了九十二条罪状。一般人可能无法理解，雍正为什么对自己的心腹重臣出手这么狠。

年羹尧跟雍正关系的特别之处在于，年羹尧其实是雍正的家奴。有人会纳闷，年羹尧不是进士出身吗？是通过自己的努力上位的，怎么会是雍正的家奴呢？

年羹尧的先祖可以追溯到明朝永乐年间一个叫严富的人。严富在永乐年间中了进士，结果发榜的时候写错了，写成了“年富”。“年富”的子孙后来流落到辽宁，在努尔哈赤时代成了后金的奴隶，也就是包衣。

到了年羹尧的父亲年遐龄时，年家分属于胤禛的门下。康熙四十八年（1709 年），雍正被封为雍亲王，这一年年羹尧的妹妹被选入雍亲王的府中，当上侧福晋。年遐龄跟着发迹，当上了湖广巡抚。

年羹尧还有一个哥哥叫年希尧，此人非常厉害，既是官员，也是学问家。年希尧做官做到工部侍郎、广东巡抚，学问就更厉害了，他是个数学家，出版过《测算刀圭》《面体比例便览》《对数广运》等书，此外年希尧对绘画也有研究，出版过透视学专著《视学》。

年羹尧的才能更多地表现在军事上，而年希尧则显得多才多艺。后来因为年羹尧案件，年希尧和父亲年遐龄都受到株连，两人一度被免职。

年羹尧的身份是包衣，根据清朝的规定，包衣也可以参加科考。年羹尧在康熙三十九年（1700 年）考中进士，之后授予翰林院检讨。

三十岁左右，年羹尧就当上了四川巡抚，成为地方大员。年羹尧上任之后表现出了卓越的才能，受到了康熙的嘉奖。在清军与准噶尔军队交战之中，年羹尧做出了应有的贡献，因此受到康熙的提拔，当上四川总督，兼管巡抚事情。康熙末年，年羹尧当上川陕总督，成为当时封疆大吏中最有权势的一个人。

康熙六十年（1721 年）九月，青海发生叛乱，年羹尧负责平叛，他利用当地人之间的矛盾，迅速平定了这场叛乱。

在康熙逝世前后，雍正与十四弟的皇位争夺战进入白热化，后来雍正继位，允禵不服。允禵手握兵权，却没有选择兵临北京，其中年羹尧起了重大的作用。年羹尧镇守西北多年，善于将兵，是以允禵不敢轻举妄动。

雍正元年（1723 年）冬天，就在雍正和兄弟们掐得头晕眼花之时，青海的罗卜藏丹津发动叛乱。其时，雍正的兄弟们正等着看雍正的笑话，他的处境非常窘迫。如果不能平定这场叛乱，他的统治基础肯定会动摇。这个艰巨的使命就落在了年羹尧身上，年羹尧出色地完成了任务，仅用十五天就平定了这场叛乱。

而且，年羹尧为官非常清廉，并不像传言那样是个残酷、腐化的大将军。

这样的关系，很难想象雍正会对年羹尧举起屠刀，让我们来看看其中的缘由吧！

在康熙末年的争储中，雍正就和年羹尧埋下了矛盾。当时，雍正为了笼络人心，让年羹尧去请蔡珽，但是蔡珽没给年羹尧面子，从此两人结下了梁子。

年羹尧担任四川总督时，巡抚一职空缺，康熙后来任命蔡珽为四川巡抚。蔡珽一来，年羹尧无法再独揽大权。两人本来就有梁子，加上彼此都不服输，形成了分庭抗礼之势。其间，年羹尧经常利用手中权力为难蔡珽，经常向康熙打小报告，给蔡珽穿小鞋。幸好，康熙是明白人，他让蔡珽担任四川巡抚本就是为了牵制年羹尧。

康熙六十一年（1722 年）冬，康熙病倒，不久就去世了。四川的局势对年羹尧越来越有利。不久，蔡珽威逼知府蒋兴仁，导致他死亡。蔡珽因此被罢官，年羹尧让自己的心腹王景灏接任四川巡抚。

蔡珽被送到北京后，雍正不仅没有拘禁他，反而召见了他。蔡珽向雍正诉委屈，说自己在四川时年羹尧如何诬陷自己，接着，蔡珽又说年羹尧这个人如何贪婪暴虐。雍正是否相信蔡珽的话，我们不知道，反正雍正没有处罚蔡珽，反而提拔他为左都御史，为将来收拾年羹尧准备好一把匕首。

对于蔡珽的问题，雍正是这样解释的："蔡珽是年羹尧参奏的，如果将他处置，人们一定会说朕是听了年羹尧的话才杀他，这样等于是授予世人年羹尧把持朝政之柄，对年羹尧也不好。”

雍正对年羹尧态度发生实质性的转变是在年羹尧第二次进京的时候，这一次雍正同样对他很热情，让九卿讨论如何给年羹尧加恩。不久，雍正犒赏年羹尧的军队，外界传言说雍正是按年羹尧的要求办事，还说雍正是年羹尧的傀儡，被玩弄于股掌之间。这些传言究竟是外界传出的，还是雍正一手制造的，我们不得而知。

雍正开始活动了，十一月十五日，他对大臣们说：“朕又不是年幼的皇帝，难道非得听年羹尧的话才知道怎么做？朕自认为能力并不差，诸王大臣办不了的事情朕都可以办好，诸王大臣看不到的地方朕可以看到。朕身为天子，总领天下，年羹尧只不过是有大将军的才能，又不具备天子的聪明才智。那些说年羹尧坏话的人无非是想设计害他，至于那些议论隆科多的人也不过是出于嫉妒。”

雍正的这番话表面是辟谣，其实是在隐隐告诫年羹尧和隆科多。后来，甚至有人建议将年羹尧扣在京城，不让他回陕西。但雍正觉得时机还不成熟，还是放年羹尧回陕西了。

年羹尧的末日

年羹尧离京的时候，没有意识到雍正已经起了杀心。

对于年羹尧，雍正很有耐心，他是有步骤、有计划地进行诛杀。雍正首先向李维钧透露了惩办年羹尧的意思，他在李维钧的奏折上批道："这几天年羹尧陈奏了一些事，朕怀疑他居心不良，大有要弄聪明揽权扩势的意思。你和他关系密切是奉朕的意思，所以不必担心，不过要逐渐和他疏远。"

后来，湖广总督杨宗仁在奏折中夸奖年羹尧是纯臣，雍正很生气，在奏折上批道："年羹尧到底是什么人？根据你知道的，如实奏来。纯字可以用在年羹尧身上吗？朕以为不可以。这事一定得保密。"

雍正在王景灏的奏折上批："年羹尧这次来见朕，态度非常乖张，好像朕有许多做得不好的地方一样，不知道是他的精神颓败所致，抑或是功高志满，目无君上。你虽然是年羹尧推荐的，不必依附他，朕实在太了解年羹尧了，他没什么能耐。"

雍正还向李成龙交底："近日年羹尧擅自作威作福，受贿逞奸，朕很反感。"雍正对宋可进说："年羹尧很不喜欢你，你要多加防范，不要露出破绽，被他指摘。"

类似的批示相当多，雍正要求这些大臣和年羹尧、隆科多保持距离，以达到瓦解这两人的目的。

以上还只是前戏，真正对年羹尧下手是将他调离陕西。

雍正二年（1724 年）十二月，雍正写了一份文书，劝说功臣要保全名节："凡人臣图功易，成功难；成功易，守功难；守功易，终功难。为君者施恩易，当恩难；当恩易，保恩难；保恩易，全恩难。若倚功造过，必至反恩为仇，此从来人情常有者。尔等功臣，一赖人主防微杜渐，不令至于危地；二在尔等相时见机，不肯蹈其险辙；三须大小臣工避嫌远疑，不送尔等至于绝路。三者缺一不可，而其枢要在尔等功臣自招感也。……我君臣期勉之，慎之。”

在给年羹尧的朱批中，雍正说：“自从你走后，有人说你立了大功，你的话皇上不好不听从。这人说话不知轻重，朕已经把他关起来了。”

雍正对年羹尧的公开批评是从雍正三年（1725年）正月的金南瑛事件开始的。年羹尧回到陕西后就让胡期恒弹劾陕西驿道金南瑛。雍正认为年羹尧就是搞朋党，党同伐异，因为金南瑛是允祥和朱轼推荐的，不属于年羹尧派系，所以年羹尧想整他。

雍正三年（1725年）二月，出现了日月合璧五星连珠的祥瑞，大臣们纷纷上贺表称颂雍正朝乾夕惕、励精图治，年羹尧也上了一份贺表，但不小心把“朝乾夕惕”写成了“夕阳朝乾”。关于年羹尧写错字有两种说法，一种是说写成了“夕阳朝乾”，另一种是说写成了“夕惕朝乾”，如果是后一种说法，文字的意思没变，语句也通，如果是前一种写法，不仅不通，而且是大不敬。

不管怎么说，文字狱只是个引子，点燃了雍正心中酝酿已久的火药。年羹尧辩解说自己写错了。雍正认为，年羹尧平时没这么粗心，显然是故意这样写的，不打算把“朝乾夕惕”四个字归到自己名下。雍正认为：从这件事中可以看出年羹尧自恃功高，有大不敬的意思。

年羹尧的末日就这么降临了，一场由错别字点燃的灾祸。

年羹尧开始厄运缠身，自己的心腹先后被撤职，先是甘肃巡抚胡期恒被撤职，由岳钟琪兼任。紧接着，代理四川提督纳秦别调回京，由赵坤接手。朝堂之上又开始了站队活动，凡是支持和同情年羹尧的都受到了打击。将年羹尧的“同党”收拾得差不多了，雍正开始收拾年羹尧本人。

四月，雍正让年羹尧交出抚远大将军印，并调离陕西，前往杭州担任将军。年羹尧写了个折子谢恩，雍正的批复非常有意思，翻译一下大概是：“我听到有谣言说，三江口会出皇帝，嘉湖会变成战场。现在我让你在这里做官，而且你之前的奏折中也谈到浙江省天象之类的，如果你真想自称为帝，这是天意，我也无法挽回；如果你不肯自立为帝，统领几千兵在这里，你也不会容忍三江口有人称帝……我的心实在寒透了，上天在上，我若负你，天诛地灭，你若负我，不知上天会如何惩罚你……”

年羹尧到了杭州后，立刻被严密监视，当时有人劝雍正不要对年羹尧惩治过严，担心激起年羹尧的叛变。雍正对此毫不理会，认为是浅陋之见，确实，清廷朝政经过雍正的铁手调整，已经没有人有资本可以和雍正抗衡了。

墙倒众人推。到了杭州后，官员们纷纷揭发年羹尧，年羹尧俨然变成了肉靶子。雍正是一个非常特别的皇帝，他把那些揭发年羹尧的奏折全部发给年羹尧，要他回奏。六月，年羹尧的儿子们全部被革职发配，老部下也纷纷被株连。

七月，九卿奏请将年羹尧就地正法，雍正没有这么做，而是革去他的将军之职，以闲散章京的身份安置在杭州。此时，年羹尧如同一头待宰的羔羊。

雍正在处死年羹尧的过程中充分展现了谨慎的一面：考虑到年羹尧是本朝功臣，诛杀他必须动用强大的舆论力量，给世人一种感觉，不是我雍正想他死，而是大家希望他死。

雍正召集各地方大员，让大家自由发表意见，应该如何处置年羹尧。大家都是聪明人，急着表功。广西巡抚李绂就说："年羹尧阴谋叵测，狂妄无礼，擅权已久，大逆不道，法理难容……"田文镜也说应该处死。

九月，雍正下令逮捕年羹尧，又用了三个月罗列年羹尧九十二大罪。为了表示宽大，雍正勒令年羹尧自裁，父亲和兄弟革职，儿子年富斩立决，其余十五岁以上的子女发配到广西、云南等地。

最有意思的是，雍正在令年羹尧自裁的谕旨中居然说："你自尽后，如果稍有怨恨之意，那么佛教中所谓永堕地狱万劫不复也不能消减你的罪孽。"

年羹尧被杀的首要原因还是他功高震主不知收敛，作威作福，触犯了雍正的大忌。第二个原因是年羹尧亲信和党羽太多，他们占据一些要职，对皇权构成了威胁。第三个原因是年羹尧聚敛财富，最后抄家从他家里抄出一百一十万两银子。就年羹尧的职位来说，这些银子真不算多。但雍正治贪是出了名的，他对贪官非常反感。

有意思的是，年羹尧案件还牵连到读书人。一个叫汪景祺的，浙江钱塘人，颇有文才，可惜仕途不顺，便寻思着投靠了年羹尧。年羹尧平定青海叛乱后，志得意满，汪景祺适时提醒他要低调内敛，为此他写了一篇《功臣不可为》的文章给年羹尧，对他说功臣不好做，问题就出在皇帝身上，功臣为皇帝平乱，往往会遭到猜忌，因为皇帝认为能够平乱的人一定也能作乱；功臣封赏后，常常受到小人的嫉妒和中伤，要是仗着自己的功绩在君王面前提建议，往往被君主视为骄横。所以，功臣到最后总是难逃一死。

汪景祺写这篇文章时，年羹尧正逢人生最得意的时候，所以根本没理会汪景祺。后来抄年羹尧家时发现了这篇文章，反倒成了年羹尧的一大罪状。此外，还发现了汪景祺的一首七言绝句，里面有"皇帝挥毫不值钱"的句子，雍正看后，气得七窍生烟。汪景祺最后被砍头，妻子被发配到黑龙江为奴，五族内任公职的亲戚全部被革职。

钱名世是康熙四十二年（1703年）进士，跟年羹尧本来没什么关系，后来看到年羹尧发达了，就想攀附，为年羹尧写了几首谄媚的诗，将年羹尧比作周朝的召伯、汉代的卫青和霍去病。钱名世甚至鼓吹应该在青海为年羹尧立碑。雍正觉得钱名世简直是一个无耻文人，文人中的败类，但仅凭这些拍马屁奉承的诗，杀了他又不太合理。雍正想出了一个更毒的办法，亲笔写下"名教罪人"，让钱名世挂在自家大门上方，而且命令所有进士出身的文官每人写一首诗讽刺钱名世，还让钱名世出钱刊印这本诗集，发往各地。雍正这招确实厉害。

威武一世的年大将军就这样走向了人生的终点。论才干，年羹尧确实是一个难得的将才，可惜没能处理好与皇帝的关系。年羹尧也不是非死不可，如果他能知道进退，功成名就之后能够淡泊权力，或许就不是那样的结局。

跟年羹尧犯了相同错误的还有隆科多，雍正的左膀右臂都没能逃脱卸磨杀驴的命运。

隆科多也在黑名单中

隆科多虽然死在年羹尧之后，但遭疑忌早于年羹尧。

隆科多犯的错误跟年羹尧很相似，都是擅权，但也有所不同，年羹尧还有作威作福、飞扬跋扈之罪，隆科多为人低调一些，没那么嚣张。这也是隆科多后年羹尧而死的原因。

很早的时候，就有人说隆科多擅权自高，百官对他“莫敢仰视”，唯命是从——这话听起来就像是离间之语，但隆科多擅权确实是事实，他手掌大权。在康熙朝，隆科多看见皇子一般是单足跪安，到了雍正朝，隆科多看到皇子时站得笔挺。

隆科多显然比年羹尧聪明，他很早就预料到有一天会兔死狗烹，所以到处留后路。比如，为了防止雍正抄家，他把财产转移到亲友家里和寺庙里。隆科多从来不相信雍正是真的对自己好，他早就见识了雍正的心狠手辣，非常担心有一天轮到自己。聪明归聪明，不幸的是，隆科多转移财产的事被雍正知道了，这等于是此地无银三百两，搞得自己很难堪。虽然雍正没有及时惩治他，但似乎只是个时间问题。

雍正二年（1724 年），隆科多主动提出辞去步军统领的职务。步军统领掌握军权，雍正早就想收回来了，只是不好开口。现在隆科多自己提出，雍正是求之不得。雍正让隆科多的对头巩泰接替了这个职位。隆科多显然比年羹尧更懂得官场的进退，但是退得还不够，或者说对雍正这样的皇帝来说，远远不够。

在惩办年羹尧的时候，雍正就想把隆科多捎带一起办了，雍正曾经说隆科多故意阻挠查办年羹尧的官员，还说隆科多跟年羹尧一样贪污欺诈不知感恩，而且揽权结党。他甚至对官员们说："像隆科多这样的小人，见了他之后完全不必跟他讲礼。"

雍正三年（1725 年）五月，雍正发动大家集体攻击隆科多；到了六月，隆科多的儿子和年羹尧的儿子同时被惩罚。第二年正月，雍正让隆科多去阿尔泰山，跟策妄阿拉布坦谈判，之后再和俄国使者讨论两国的疆界。在与俄国人谈判中，隆科多坚决要求俄国归还属于中国的领土。就在隆科多谈判之时，雍正在隆科多家里发现了"玉牒"，这是记载皇家宗谱的东西，非常神圣，除了宗人府，外人是不能查看的。隆科多私藏玉牒，属“大不敬”之罪。当时有大臣建议雍正等隆科多谈判完了再修理他，但雍正觉得外部问题远远没有内部问题重要，下令将隆科多召回治罪。

隆科多离开后，中方代表不能坚持国家的利益，向俄国做出了许多让步，贝加尔湖一带和唐努乌梁海以北的大量原本属于中国的地区划归俄国。雍正急于置隆科多于死地，显然不想让他在外交中立功，到时候让自己收拾起来不方便。

十月，诸王大臣给隆科多罗列了四十一条大罪，大不敬罪五条，扰乱朝政罪三条，奸党罪六条，不法罪七条，贪婪罪十六条等。雍正下令将隆科多永久监禁，禁地设在畅春园附近，这是很有象征意义的：当年你隆科多就是在畅春园拥护我起家，知道我太多的秘密，现在我就让你在畅春园终老，让你体会因果循环的滋味。

雍正六年（1728年）六月，隆科多死于禁所。隆科多死之前说过这样的话：“白帝城受命之日，即是死期已至之时。”

话里似乎有不少隐情，可惜我们已经无法得知这些隐情，隆科多将这些秘密带进了坟墓。

第四章 大刀阔斧的改革

在削弱给事中权力的同时，雍正加重了御史的责任，这也许不意味着御史的权力比以前更大了，至少他们要做的事情更多了，更多的时候，雍正把御史当成钦差大臣来用。对雍正来说，御史就是自己的监控器，他增加御史的目的也是更好地监控和弹劾不法官员。

密折制度

雍正有一句名言："遇挫折，当取出丈夫硬心肠，发狠去做。"从雍正的话里，我们能感受到朱元璋的余风，事实上，雍正的许多政治斗争和改革也是以朱元璋为榜样的。

朱元璋创立了锦衣卫这样一个特务组织，雍正虽然没有创立这样一个组织，但也布下了众多的耳目，这些耳目通过密折的方式为他监视臣下的动静。

雍正初年，密折制度主要是用来对付那些倒皇派，后来则主要用于揭发检举贪官污吏。密折跟一般奏折不同的地方在于，密折只有皇上一人能看到。奏折属于正式公文，上面要盖公印，先交给通政司，通政司再转到内阁的手中，内阁最后才转交给皇帝；由于能看到的人太多，很多官员不方便讲实话。而密折制度则隐蔽得多，许多见不得人的事情都可以写进去，雍正想用这种制度让官员们互相监督，互不信任，人人自危，从而有效遏制贪污腐败，同时还能将大权牢牢握在自己手中，实在是一举多得。

密折制的专利权应该归到雍正老爹康熙的名下，雍正只不过是进一步发扬光大而已。在康熙朝，密折的作用很有限，到了雍正朝，密折的内容几乎无所不包，而且拥有密奏权限的人也越来越多。

雍正的主要功绩在于将密折制度化、公开化。大家都知道有这样一个制度，呈送密折不再是什么见不得人的事，是皇帝规定的，只是内容不准对外公开而已。

如何让密折中的这个“密”字真正发挥效用呢？万一有人泄密怎么办？这个问题，雍正显然考虑得很成熟。他规定，凡是自己批阅过的密折，当事人看过之后要立即交上来，不可以存备份，更不能相互传阅，违规者处以重罚。

为了让写密折的人保密，雍正屡次告诉他们这是一种荣誉，一般人没机会。雍正对这些耳目说：“如果朕不保密就对不起你们臣子，如果你们臣子不保密就对不起朕。”这样一来，密折制就起到了笼络人心的作用，让臣下觉得皇上非常重视自己。

还别说，这种密折制真起到了很大的作用。

譬如，查嗣庭案子发生后，雍正在李卫的密折中批示，要求李卫带着杭州将军在第一时间抄查嗣庭的家，雍正还叮嘱千万不要让人知道。如果雍正用公文的方式告知李卫，很有可能半道被人截获消息，从而让查嗣庭提前做好准备。密折在这种时候就显示出了它的威力，让人防不胜防，从而在最快最短的时间内将案子侦破。

密折制度最大的漏洞是泄密，秘密一旦泄露出去，而雍正又没有在第一时间得知密折泄密，会带来一些不好的结果。譬如，雍正在甘肃提督路振声的密折中表扬了路振声的弟弟路振扬，结果路振声把这事告诉了弟弟。路振扬居然愚蠢地给雍正写了一份密折说，谢谢皇上的赏识。这下坏事了，雍正非常气愤，痛骂路振声，说他是一介武人，秉性粗鲁，姑且饶他一次。

密折制有好处，也有坏处，两方面雍正都考虑到了。雍正担心一些小臣利用密奏权力作威作福，谋取私利，导致官场混乱。为此，他苦口婆心，再三叮嘱教导那些小臣不要辜负君主的信任，应该公正无私，为国家办事。

为了防止密折造假，雍正还规定了密折纸张的颜色、规格以及外包装的种种细节。在密折制的各个环节，雍正都制定了规范，为了让密折制良好运作，雍正花费了不少心思。

密折制直接将内阁撇在一边，削弱了内阁的权力，加强了君权，而且这种制度还制约了封疆大吏的权力。封疆大吏不再只手遮天，由于受到监视，所以事情无论大小都不敢自作主张，只能乖乖地请示皇帝。当时总督、巡抚不能随便弹劾一个小县令，只要小县令为官清廉，总督都没法排挤他，因为皇帝可以通过密折得知事情的细枝末节。密折就像一张法网，雍正将帝国的官僚全部纳入监视范围之内，从而有效地控制整个清帝国。但正因如此，他有做不完的事情，所以雍正大概是中国最勤政的皇帝，如果他不勤政，密折制度就运行不好。

密折制最大的作用是加强了中央集权，跟朱元璋当年废除丞相设置“特务”机构起到了相同的效果，但又没有朱元璋做得那么过分，达到了人人自危的地步。所以，雍正说自己继位以后事事不如父亲，只有通达下情、洞悉政务这方面比父亲强。

除此之外，密折制度在官员之间造成一种神秘的气场，让他们互不信任，互相监督。

雍正二年（1724年）四月，河南巡抚参奏学道王某，说他声名虽然平常，但还没有坏到极点。雍正三年（1725年）六月，岳钟琪参奏年羹尧离开陕西时，只有几十人送行，这些人都是平常得到年羹尧赏赐的人，岳钟琪把这些人的名字都记了下来。

借助密折制度，雍正有效地控制了官员，如果有谁在背后说他坏话，他很快就会知道。说坏话还是小事情，如果臣子们结党营私，贪污受贿，官官相护，雍正可以通过密折了解到详情，从而给不法官员以潜在的震慑，让他们不敢为所欲为。

当然，密折制度本身并不光彩，说白了就是告密，它充分利用了人性阴暗的一面。在雍正推广密折制度时就有人提出反对意见，认为密折制度会让小人得志，君子遭诬陷。

对此，雍正无法回避，他公开承认这确实具有告密的特征，他说："朕励精图治，耳目甚广。"雍正的耳目绝不仅仅限于官员，还有一些士兵和无业人士。有一个故事最能说明问题。有一个官员要觐见皇帝，头一天买了个新帽子，第二天见皇帝时，免冠谢恩。雍正笑着说："小心点，别弄脏了你的新帽子。"

官员王云锦在元旦（即农历大年初一）那天跟好友玩叶子戏，中途丢了一片叶子。上朝后，雍正问他元旦干什么去了，王云锦如实回答。雍正听了非常满意，说他小事都不欺骗皇帝，是个好臣子，不愧为状元郎。说完，雍正从袖子里抽出王云锦丢失的那片叶子："给，下次玩得开心点。"

雍正耳目虽然相当多，但他并不会完全相信耳目。他很清楚，耳目为了个人的利益，有时也会欺骗他。至于如何识别真假，雍正凭借的就是自己的阅人经验了。

为了建立强大的中央集权政治，雍正一生批了上千万字的奏折批文，这是绝对可以进吉尼斯世界纪录的。

神秘的军机处

在雍正之前是没有军机处的，怎么雍正偏要弄出这么个机构，他的真实目的何在？

我们先来了解一下军机处是什么。

在康熙朝后期，由于党派太多，聚讼纷纭，导致朝纲混乱，管理困难。雍正继位之后，实际上接手的是一个混乱的摊子，各种问题纠缠在一起。大凡军国大事，都需要集体讨论，虽然最后的决策权在皇帝手中，但皇权仍然受到制约，不能随心所欲。

雍正七年（1729 年），策妄阿拉布坦再次发动叛乱。为了有效地平叛这场战乱，雍正决定成立军机处，由允祥、张廷玉和蒋廷锡负责军机处。军机处的全称是“办理军机事务处”，当时大臣们并不了解军机处的真实性质，不知道雍正为什么要设立这样的机构。

雍正设立军机处表面上是为了更好地应对军事变故，但其性质跟密折制是一样的，即削弱大臣们的权力，一些军国大事由军机处秘密决策，等于剥夺了大臣的议政权力，由皇帝直接裁断，进一步加强了皇权。

军机处成立后，其人员由皇帝点名，代表的自然是皇帝的意思。

军机处的发展有一个不断完善的过程，这个机构一直延续到清朝灭亡，说明雍正的创造还是符合时代需求的。

军机处设有军机大臣，这些大臣主要是从内阁、翰林院、六部、理藩院、议政处中挑选的。军机大臣相当于雍正的私人秘书，他们必须随时在皇帝身边，只要皇上有什么急事要事就会找他们商量。所以，军机处就设在乾清宫内，离雍正的寝宫养心殿很近。

刚开始的时候，没有人承认军机处是正式的衙门。

军机处的上班时间不同于其他机构，凌晨三点就开始上班，雍正至少每天召见军机大臣一次，有时一天好几次。

军机大臣的主要职责有：

一、皇上发诏书或者回复奏折时，由皇上口述，军机大臣书写，然后转发下去；

二、当皇上碰到难以决策的事情时，军机大臣提供意见和建议；

三、军机处要将各种奏折以及皇上的朱批都弄一个副本，妥善保存。

军机处的设立表面上是这个机构分享了其他机构的权力，但其实质是皇帝分享了臣子的权力。军机处刚开始的时候只有三个人，而且这三人都是兼职，后来有所增加，但最高峰也不超过十一人。军机大臣都是兼职，没有专门担任这个职位的人。

军机大臣一个重要的品质就是保密，绝对地保密。军机处的办公地点与外廷隔绝，就是为了防止外来人员进入。军机处的办公地点也是灵活的，如果皇帝在圆明园居住，军机处跟着搬到圆明园。如果皇帝要巡游，军机大臣也要跟着走，不能耽误办公。

军机处刚刚创建的时候，既不是正式的衙门，也没有印章，雍正十年（1732年），才提议给军机处印章。印章制成后，交给内奏处保管，印匙由领班军机大臣随身携带，“军机处”三字金牌由值日章京佩戴。如果需要军机处的印章，值日章京必须凭借金牌到内奏处领印章，只有金牌还不够，还得凭借金牌到领班军机大臣那里索要印匙。到了这一步，还不能私自打开，必须在多人的监督下，才能打开印匣，取出里面的印信。印信用完后，金牌交给值日章京，印匙归还领班军机大臣，印信重新归还到内奏处。

这一套制度非常烦琐，但也相当严密，可见雍正的良苦用心。

雍正没有想到的是，军机处居然比自己想象的效果还要好，军机处办事效率非常高，因而不断完善，形成了固定的编制。军机处的创立影响了清朝后来的整个历史，由于军机处掌握重权，从而让内阁形同虚设、议政处名存实亡。

雍正简直是一个专制天才，他用自己的“智慧”将君主专制推向了顶峰，大有超越朱元璋之势，事实上也确实超越了朱元璋。

雍正的一系列措施很容易让人想到朱元璋，但是他跟朱元璋仍然不尽相同，朱元璋废掉中书省取消丞相，虽然也是中央集权，但是朱元璋忙不过来，只不过找几个大学士做顾问，由于不是皇帝身边固定的领导班子，办事效率不高。而雍正设立军机处则收到了很好的效果，不仅加强了皇权，也提高了行政效率。

所以，在集权方面，雍正超越了朱元璋。

纠正社会不正之风

雍正元年（1723 年），实行了一项重要的改革。

在封建王朝中，有一个行政衙门叫六科，在这个衙门里做官的人叫给事中，这个官职最早是由秦始皇设置的，延续了两千多年。这个职位虽然官职不高，在隋唐时是正五品，明朝时更低，才正七品，到清朝雍正时，给事中是正五品。

给事中的主要任务是传达皇帝的命令，并检查下面的执行情况。具体来说，六科的任务是将皇帝批阅的奏章从内阁取出，然后重新抄写一遍，分发给相关部门。六科不仅有转发奏折的权力，还有驳回权。如果六科发现皇帝的命令有欠妥的地方，可以将文件封好，重新打回内阁。除此之外，六科还有检查六部的权力，如果他们认为六部执行不力，可以参奏。所以，六科虽然职位不高，但权力还是很大的。

在雍正看来，六科的权力太大，影响了自己的行政效率。雍正想到一个法子，让六科变成都察院的一个附属机构，六科的人选由都察院来决定，并且严格规定了各科的给事中数目。六科的题本都要盖上都察院的印信，这等于是把原本属于给事中的考核权交给都察院，这样一来，给事中就不得不生活在都察院的羽翼之下，职能被削弱了大半。

雍正的这项改革等于是把给事中和御史混合为一，雍正的这个做法在当时又被称作“台省合一”，所谓台是指御史台，都察院在唐朝又叫御史台，省指的是门下省，门下省是之前的说法，在明清时都称六科。

雍正这么做的目的，还是四个字，大权独揽，让自己的政令更好地传达和执行。明末党争的教训，雍正仍然牢记在心头，明朝的灭亡跟言官乱政有很大的关系，清初这种情况虽然有所改变，但在康熙后期的储位之争中，六科官员仍参与其间。雍正看在眼里，记在心里。他决心改变这种情况，限制六科官员，防止他们干涉朝政。

在削弱给事中权力的同时，雍正加重了御史的责任，这也许不意味着御史的权力比以前更大了，至少他们要做的事情更多了，更多的时候，雍正把御史当成钦差大臣来用。对雍正来说，御史就是自己的监控器，他增加御史的目的也是更好地监控和弹劾不法官员。

雍正还做了另一项前无古人的改革，但是这项改革不是很有名，也没有收到特别好的效果。

雍正在脑子里凭空想象出了一个“观风整俗使”的官职，雍正是如何想出这么个奇怪的官职呢？

这还得从浙江说起。浙江的文化是相当发达的，才子众多，但也有一些弊端，浙江等江南人士结成朋党，垄断科场，浙江籍的官员遍布朝野，宾客散布在各个衙门中。汪景祺、查嗣庭都是浙江人，而且两人文采都不错，他们的案子让雍正有了感触，他再联想到欧秀臣为允禩造势，杭州又发生了摊丁入粮的运动，所以那些浙江人士在雍正头脑里的印象非常差。

雍正四年（1726年）八月，浙江巡抚李卫上奏说浙江民众刁滑，风俗凶悍，动不动就漏报钱粮，时常发生命案。雍正觉得浙江省风俗败坏，人心浇漓，民心很难被圣德感化，倒是狼子野心很容易在那里找到共鸣。十月，雍正决定派遣官员到浙江查问风俗，对官民进行劝导。确定了官员之后，到底用什么官名呢？雍正一时也没想到合适的，后来吏部建议说，唐太宗在贞观年间派遣李靖巡行天下，号“观风使”，我们不妨取名为“观风整俗使”吧！

雍正接受了这个建议，任命河南学政王国栋为观风整俗使，让他与李卫和衷共济，治理好浙江。王国栋到浙江后，召集各地的文人绅士到孔庙中训话，除了做思想政治工作，王国栋还负责清查钱粮。王国栋办得还不错，到任不到半年就被提拔为湖南巡抚。

雍正在其他省份也设置了“观风整俗使”或“宣谕化导

使”，效果不如王国栋在浙江省那么好。

修订法律

历朝历代，修改法律都是一件大事。中国古代有所谓祖宗之法不可变的说法，但对于雍正来讲，这种思想包袱是没有的，他的执政原则是：凡是有利于统治的他都做。

清朝的法律基本是把明律直接搬过来用，大约在顺治三年（1646年）制定。在康熙朝，法律有所改动，但改动很小，当时是以《现行则例》的名字颁布执行的。

雍正元年（1723年），御史汤之旭指出《现行则例》有一些缺点，譬如，它拟罪轻重不一，有时候犯法的事情相同但是处罚却不一样，所以需要重新做一些修改。

对于合理的建议，雍正从来都是采纳的。他让吏部尚书朱轼负责修改法律，对法律这事雍正很重视，一字一句都要亲自过目。

对法律的修改，关于盗贼的内容比较多。康熙年间，窃贼、逃人以及窝藏逃犯的人，都处以割脚筋的刑罚。雍正认为，这个刑罚将受刑者变成残废，无异于破坏了生产力，应当谨慎使用。第二年，经过仔细考虑后，雍正认为这个刑罚受刑的人太多，没有区分其中的轻重，也起不到警戒的作用，下令永久废除。

雍正六年（1728 年），修改盗窃法，奴仆如果偷了主人的东西，按照一般平民盗窃罪论处，免掉在脸上刺字，仅仅处以流放罪。雍正认为直隶省盗贼猖狂，为该省量身定做了一款法律，作案盗贼团伙不分主次，全部正法。直隶盗贼案减少之后，雍正又取消了这个特殊条例。

对于一些法律的修改，雍正表现出了他非常人性化的一面。清朝秋审时，本来把案件分成情实、缓决、可矜、可疑四种。第一种是立即执行死刑的，后面三种还需进一步审理和查看。康熙五十年（1711 年）以后，对于死刑犯实行了酌情处理，如果死刑犯的高祖、曾祖、祖父母或者父母有七十岁以上的而且有疾病需要扶养，家里又没有其他成年的男丁，可以根据犯罪情节的轻重，由皇上决定是否处以死刑；如果是流放罪，改为杖打一百，然后回家养育亲人。

雍正继位以后，进一步将康熙的人性化处罚发扬光大，他规定，杀人者首先要赔偿足够的银两，其次才涉及偿命的问题，如果不赔钱，等于是让受害者没有物质上的补偿，应当立即正法。对于犯有流放罪的犯人，雍正从轻处罚，杖打一百，让他们回家赡养父母。

在江西永新县发生了一起有意思的案件。有个叫朱宁三的农民，是个盗贼惯犯，有一次因为盗窃被抓，他的哥哥朱伦三不得不卖掉儿子为他赔偿。朱宁三仍然屡教不改，后来偷牛又被抓，朱伦三便和侄子朱三杰把朱宁三淹死。案发后，刑部判朱伦三流放，朱三杰则坐牢。雍正对这个判法很不满意，他认为朱宁三是连累家族的罪人，朱伦三和朱三杰为了家族利益和社会安定处死朱宁三，实在是情非得已，为宗族剪除恶人，训诫子侄，用家法来治理也不为过。所以，雍正决定将朱伦三和朱三杰无罪释放。

在福建建安县有一个叫魏华音的乡民，偷割别人的稻禾，还将已故哥哥的独生子勒死，然后嫁祸于人，企图逃脱自己的盗窃罪。刑部拟罪时，打算按照长辈杀死晚辈的罪论刑。在封建社会，为了照顾尊长，法律规定，长辈害死晚辈可以减刑。但看到这个案子，雍正极不赞成，他认为魏华音虽然是死者的叔叔，但此人的凶狠歹毒已经超越了伦常，所以不能按照尊卑长幼来论刑。像这样的案件，过去都没有现成的例子，雍正要想重新判，必须修改法律，对于这种情节恶劣的，雍正裁断后处以绞刑。雍正对法律的修改考虑得比较全面，既照顾到长者的权威，又不纵容长者为非作歹，让法律显得更合乎人性。

当然，雍正的有些改革跟现代的法律精神是相违背的，不过有当时的社会需要。譬如，他规定犯有死罪和流放罪的人，不论官民，只要情节不是很恶劣的，都可以捐银买命。买命钱不是确定的，跟个人的身份地位有关。三品及以上的官员需要白银一万二千两，四品官需要五千两，五品、六品的官需要四千两，七品及以下包括进士、举人需要两千五百两，贡监生两千两，老百姓一千二百两。如果是充军流放罪，则根据上面的标准乘以百分之六十；如果是徒刑及以下的罪，根据死刑的标准乘以百分之四十。

雍正制定这个刑罚的时候，西北正在打仗，急需军费。这项法律大大地增加了军费，为战争的胜利做出了很大的贡献。在雍正之后，清朝战事仍然很多，乾隆有十大武功，后来又有太平天国、鸦片战争，所以，这项法律一直被保存了下来。

说实话，雍正本人也知道这条法律跟法律精神是相违背的，所以在实行的过程中他要求从严把握，对于那些情节恶劣影响极坏的人，再多的钱也买不了命。

雍正虽然是一个非常严苛的皇帝，但是执行还是相对公平的。对死刑犯的判决，雍正表示要慎重。雍正规定，对于秋审后情实的犯人也要三次重奏，最后由皇上裁决要不要处决。在一些细节问题上，雍正往往能做到明察秋毫。

雍正是一个对司法非常敏感的皇帝，这可能跟他深沉严苛的性格有关。他对各种案子也很有兴趣，在研究命案的过程中，他发现故意杀人和谋杀的占少数，大多数的命案是因为一些小事情引起，一言不合大打出手，结果酿成了命案，事后，当事人也后悔。雍正认为这都是因为老百姓无知，不懂法律，考虑到法律条文烦琐，老百姓文化层次又低，雍正让地方官把殴打杀人的律例摘录出来，贴在乡里，并派地方官详细讲解，务必让大家都知道法律是怎么回事。

从上面的事情可以看出，雍正是一个务实的皇帝，虽然难免严苛了一点，但这丝毫无损于他勤政的名声。

第五章　搞经济改革一定要精打细算

一般来说，新皇继位的时候，都会表示豁免官员的亏空。但雍正再次成为“吃螃蟹的人”，拒绝这么做，以示自己对贪赃枉法深恶痛绝。雍正解释说，豁免官员只会助长贪官污吏的侥幸心理，从而让他们越陷越深，只有严厉打击才能遏制腐败。

亏空多少补多少

康熙后期，贪污腐败成风，人民和国家的财产被官僚机构鲸吞；康熙末年，国库只有七百万银两。雍正在继位之前，由于实地调查过这些问题，事实上已经了然于胸。

雍正继位之后，立即大力实行经济改革。

一般来说，新皇继位的时候，都会表示豁免官员的亏空。

但雍正再次成为“吃螃蟹的人”，拒绝这么做，以示自己对贪赃枉法深恶痛绝。雍正解释说，豁免官员只会助长贪官污吏的侥幸心理，从而让他们越陷越深，只有严厉打击才能遏制腐败。

上任一个月后，雍正就要求户部全面清查亏空问题，一旦发现亏空，三年之内要如数补交完，而且不准从民间征收苛捐杂税。如果在规定期限内不能补足亏空，将治以重罪。补完亏空之后，如果以后还出现亏空问题，也治以重罪。

为了有效地查清亏空问题，雍正元年（1723 年）正月，发出设置会考府的命令。雍正把整个任务交给允祥，并对他说：“如果你不能清查，朕就另派大臣，如果大臣没能清查，朕就亲自查出来，绝不留漏网之鱼。”

以前各部动用的钱粮，都是自行奏销。成立会考府后，这么做就行不通了，一切钱粮奏销都要经过会考府的稽核，徇私舞弊的难度比以前陡然增加。会考府成立三年，驳回的奏销事件占总事件的百分之十七。

允祥查出户部亏空库银二百五十万两，这亏空的钱如何收回来呢？这种问题也许能难倒别人，但难不倒雍正。雍正命令户部历任官僚合赔一百五十万两，剩下一百万两由户部逐年填补。在清查中，难免涉及皇亲国戚和高官巨宦，对此，雍正一视同仁，绝不徇私。十二阿哥允祹以前掌管过内务府事务，为了补足亏空，居然把家里的东西拿到街上去卖。十阿哥允䄉补偿亏空，赔了几万两黄金，还没补足，雍正直接抄了他的家。内务府官员李英贵和张鼎鼐挪用百万两银子，雍正也抄了他们的家。

在清查亏空的过程中，雍正抄了太多的家，也因此落下了“好抄家”的骂名。

亏空先是从中央的部门查起，不久就开展到地方，许多官僚的家产被查封，譬如：湖广布政使张圣弼、粮储道许大完、湖南按察使张安世、广西按察使李继谟、江苏巡抚吴存礼、原直隶巡道宋师曾、江苏布政使李世仁……还有我们熟悉的曹寅和李煦……

在抄家这方面，雍正俨然是个专家，但是仍然有需要改进的地方。譬如：通政司官员钱以垲建议雍正在抄家的时候，同时抄衙门，以防止官员将财物转移到衙门里。雍正觉得这个建议不错，欣然接受。雍正抄家确实出了名，当时社会无人不知无人不晓，甚至打麻将时都有了“抄家和”。

对于这些不满的舆论，雍正没有回避，而是坦然地说：“如果听任贪官敛财，将国家人民的财产肥自家子孙，那么国法何在？又如何警示人心？抄了贪官的家，既是对贪官酷吏的惩罚，又可以利用这些钱作国家公事之用，有何不好？”

一般被抄家的官员都会被革职，这又是雍正与众不同的一个措施。以前官员还可以留任，补足亏空。雍正有自己的看法，如果允许贪官留任，为了弥补亏空，他们必然会继续贪污。雍正打击贪官的力度是非常大的，雍正三年（1725年），湖南被参劾的官员超过一半。雍正十年（1732年），担任直隶总督的李卫上奏说:“在任三年以上的官员寥寥无几。”

为了有效地收回赃款,雍正想了许多别出心裁的方法。譬如,他命令贪官的亲戚代为赔偿。雍正认为,很多贪官喜欢把赃款存放在亲友家里,而且这些人平时也参与分赃,要他们代为清偿,合情合理,所以连这些人的家产都有被抄的可能。不过,这个措施牵连太广,不得人心,四年之后,雍正就把它取消了。

在征讨赃款的过程中,雍正还禁止代偿。雍正元年(1723年)正月,直隶巡抚李维钧奏请该省官员帮助前任总督补清亏空,雍正坚决不同意,他说即使地方官民再富裕,钱多得没处花,也不能为他人补漏洞,有钱大可以为地方兴利。雍正看到代偿存在很大的弊端,很容易成为腐败的“温床”,譬如地方官可能借助代偿和当地乡绅勾结,也有可能借机征收老百姓的钱粮。

在清查亏欠的过程中,有许多官员畏罪自杀,对这些畏罪自杀的官员雍正反而加重处罚力度。

雍正四年(1726年),广东巡抚杨文乾参奏李滨亏空钱粮,李滨得到消息后就自杀了。雍正并没有因为他自杀就这么算了,自杀的官员不少,但雍正一个也没放过。他说:“犯官知道官职和财产保不住了,想一死了之,来个死无对证,然后把赃款留给子孙。我们决不能让犯官的狡计得逞,犯官死了,要继续拷问他们的家人和亲友。”

应该说,雍正的政令还是执行得不错的,但对于雍正这样的人来说，没有最好，只有更好。由于他以前深入官场一线，了解官员们的所思所想，他知道一些官员依然在敷衍自己，所以采取严猛的手段进行全国清查。

在清查的时候，雍正非常严厉，但是结案的时候，相对宽松，这是一种统治策略，让官员存着感恩的心理。

雍正的严猛手段收到了很好的效果，清查工作进行了三年，各省清偿了一部分亏空，有的省做得更加彻底。譬如直隶总督李维钧在雍正二年（1724 年）八月报告，说该省亏空白银四十一万两，到本年六月已经偿还了二十万两，剩下的二十一万两明年保证还清。

河南的情况也很不错。雍正二年（1724 年），田文镜担任河南布政使，不久就升任为巡抚。田文镜深受雍正信任，他到任后，立即清查亏空，田文镜执法甚严，对贪污官员毫不留情。田文镜在任不到两年就弹劾了二十二人，补清了亏空。

对于田文镜雷厉风行的作风，雍正很欣赏，雍正说："田文镜参劾的官员最多，鄂尔泰风格则完全不同，从来不轻易弹劾人，但两人都有自己的绝招。"田文镜因为工作出色，雍正将他捧为模范督抚。

雍正四年（1726 年），大规模清查江西的钱粮亏空，江西各地亏空甚多，但是巡抚却偏私，清查不力。雍正让巡抚留在任上，派人去调查，随后换上新任的巡抚伊都立。但伊都立"为人软弱，好沽虚名"，无法完成清查重任。雍正遂又让吏部侍郎迈柱亲自到江西清查，迈柱到了以后，遭到了江西按察使积善的反对。雍正却高度赞扬迈柱，说他到任以后，为了国计民生，不避嫌怨，是个好官。

雍正五年（1727年），福建布政使沈廷奏报仓谷亏空，雍正对福建巡抚毛文铨很生气，认为他故意欺瞒，派广东巡抚杨文乾和许容为钦差大臣，前往福建调查。杨文乾和许容带来上谕："清查即将进行，可能有赃官为了掩人耳目借富民的粮食暂充府库，如果有人借，借出的立即成为官家财产，发现后也不归还，希望大家好自为之。"

在清朝的法令中，挪移公款的处罚较轻，而贪污受贿的处罚则较重。所以，许多官员被查出有贪污情节时，往往巧施手腕，将贪污的赃款报成是挪移，以此避重就轻。雍正对这些官员的所作所为和心理情况了如指掌，所以他明确说道："借挪移之名，掩盖贪污之实，想以此逃脱重罚。那朕就跟你们来个将计就计。"

结果，雍正铁手一挥，挪移的罪比贪污的罪反而更重。由此可见，雍正做事不拘泥于教条，注重从实际出发解决问题。

耗羡归公与养廉银制度

大家知道，古代主要是以银和铜为货币，征税时，银两和铜钱在保存、熔铸、运输的过程中会有一定的损耗，所以在征收时有一定的附加税。这项附加税又称为耗羡或者火耗，通常由地方征收，被纳入地方财政，算是地方上的一项额外收入。

由于耗羡的数目没有标准，所以主动权就掌握在地方官的手中，他们往往随心所欲地征收，借此增加百姓的负担。雍正很早就认识到了这个问题，在刚继位的时候，雍正就说："现在钱粮火耗越来越重了，重到每两增加四五钱银子，如此剥削民脂民膏，国法何在？"

在康熙朝的时候，就有人建议耗羡归公，但是康熙没有采纳，具体原因是什么，我们也不清楚，可能跟康熙宽仁的性格有关，他不想得罪普天下的官吏。雍正元年（1723 年），湖广总督杨宗仁再次提出这个建议，杨宗仁说："地方上的公款消费，都是从小民那里勒索过来的。不如让各州县在原来的耗羡银里面节省出两成，交给布政司库房，充作公费之资，此外禁止派增其他税收。"

雍正立即接受了这个建议。同年，山西耗羡问题严重，雍正要求山西的耗羡银全部归公，一部分抵偿该省的亏空，一部分用作官员的养廉银。

雍正二年（1724 年）年初，河南巡抚石文焯奏称："河南省有耗羡银四十万两，除了公款支出和官员的养廉银，还剩下十五万两，这十五万两可以用来弥补亏空。"

山西和河南两省率先拉开耗羡改革的序幕。雍正觉得时机到了，就让朝臣议论这项改革。大多数官员并不赞成，他们提出了一些看似有道理的反对意见，比如，有人认为耗羡是各州县应得之物，跟上面没关系；还有一种说法是把以前不是正税的火耗当成正税收入，让人感觉是增加赋税；更有一种荒谬的说法认为，如果公开征收火耗等于是让火耗这种私征形式合法，简直就是鼓励官员贪婪。

官员们的说法貌似有道理，其实背后有利益链条，所以他们反对这项改革。山西布政使高成龄却对雍正的改革表示支持，他说这样做不仅不是鼓励官员贪婪，而且可以避免官员征收苛捐杂税，这是第一个好处；第二个好处是分出一部分充当养廉银，可以让百官感受到皇上的恩赐。

尽管如此，官员中反对的声音还是很多。最后，雍正下了决断，批评反对的官员目光短浅，强调火耗归公势在必行。

这项政策实行以后，与之相伴的就是养廉银制度，养廉银的目的是增加官员的额外收入，让他们有足够的能力过上小康或者富裕生活，杜绝贪污受贿的念头。

明清两朝，官员的俸禄很低，低到甚至无法应对官员的正常开销。雍正创立养廉银制度也是意识到这一点，耗羡归公后，断绝了地方官的财路，如果不给他们另外开辟财源，他们不可能不贪污，因为没有人会贴钱做官。

养廉银根据官职的高低分为不同的级别，最高有几万两，最低只有几百两；一般而言，养廉银高出俸禄十几倍。养廉银制度解决了地方各级官员的经济问题，但是京官问题却没有解决，地方官照例还得向京官送礼，雍正对此也是清楚的。

为了解决京官的经济问题，雍正决定实行双倍俸禄。

清史学家孟森注意到养廉银制度已经具备了近代政府财政预算的前瞻性，夸奖雍正为改革吏治绞尽脑汁。

有史以来，中国官场的陋规就相当多，这些陋规也就是现在所说的潜规则，这些潜规则对王朝的统治非常不利。向上司送礼就是非常流行的一个陋规，如果上司身兼数职，下属就必须送好几份礼物。山东巡抚黄炳向雍正建议，应该废除这些陋规，他说巡抚一年收的礼，比养廉银要多出好几倍。如果不消除陋规，各级官员肯定还会给上司送礼，一送礼无疑又得加派赋税，到时养廉银制度并不会养廉。

雍正觉得有道理，下令废除陋规，当然要废除陋规绝不是一朝一夕的事情，只能慢慢来。在这方面，河南巡抚石文焯做得比较好，他知道如果陋规不除，下级官员还会加派银两，所以拒不收礼，而且还将各级衙门的一切陋规全部废除。田文镜继任后，比他做得更好，他不仅自己不收礼，还严格约束家人和下人，连门包和小费都一概拒绝。当地有一个惯例，逢年过节都会向上司送土特产，这种惯例又称为土例，但田文镜一概不收，也严禁地方官收礼。

对于那些贪恋陋规的官吏，一旦发现，雍正就会严加处理。雍正五年（1727 年），御史博济到了江南后，勒索驿站送礼，两江总督范时绎参奏之后，雍正立即将博济革职。对于那些守着陋规不放的官员，雍正打击起来毫不手软。

反对陋规之战是一场旷日持久的战争，虽然我们不能说雍正完全赢了，但他至少跟贪恋陋规的官员打成了平手。可惜，到了乾隆手中，陋规又故态复萌，而且越来越严重。

在官场中，为了有效遏制贪腐行为，雍正不仅重拳打击贪官，而且实行株连政策，连贪官的上司都一同进行惩罚。雍正意识到，下属犯罪跟上司的纵容或者监督不严有很大关系。雍正这招虽然有些过火，但确实很有效果，为了防止受株连，上级官员必定会约束下级官员，以防他们影响到自己的仕途。这个建议最早还是田文镜提出来的："要想禁止各州县的加派行为，首先要禁止上司，只有禁止了上司，才能消除陋规。"

为了有效地根绝腐败，雍正还加强了对中央官员的约束。以前，地方官向户部缴纳钱粮时，每一千两银子要多交二十五两的"余平银"，雍正意识到这是产生腐败的一张温床，刚上任的时候就下令削减十分之一的"余平银"。

后来，允祥又建议雍正彻底取消"余平银"和"加色银"这些灰色收入，雍正接受了这个建议，立即批准，肃清了官场歪风。

在当时也有假币，针对假币的泛滥，雍正同样以严刑峻法禁止民间私自铸钱。为了有效地打击铸钱业，雍正要求各省督抚秘密查访，一旦发现，要给予严厉打击。知情不报者与案犯同罪，不知情的地方官也要连降三级，甚至铸造假币附近的邻居无论知情还是不知情都要枷锁一个月，杖打一百，流放一年。

在封建社会有一些不成文的规定，譬如火耗这种东西应该由所有纳税人来承担，但真实情况并不是这样的。一些地方官也是势利眼，他们不敢得罪当地的富绅，往往把火耗转嫁到小民身上，从而使小民的负担更重。这种不平等造就了政府、绅衿、小民三者之间错综复杂的矛盾。雍正认为，这个矛盾错在绅衿，决定剥夺他们的特权，让他们跟平民百姓一样，实行士民一体当差的政策。

雍正元年（1723年），在河南实行“士民一体当差”政策，引起了河南的一些生监的不满，他们在县学教官杨倬生的带领下，控告知县张可标。雍正查实情况后，将那些闹事的生监绳之以法，表彰知县身体力行推行新政策。

摊丁入亩

封建社会一向是按人丁交税的，有多少人头交多少税，看似非常公平合理。但仔细一看却发现不是这样，里面有很多不可控的因素。

许多人为了逃税，故意隐瞒人头数目，这种事情在地主家里最为严重，地主良田多，丁役多，交的税多，隐瞒丁役就能逃避不少徭役。

很早就有人意识到这种徭役制度不合理。在明末的时候，就有一些地方官吏进行了改革。比如，崇祯八年（1635年），汉中府城固县实行了“丁随粮行”的新法。这种不合理的制度在康熙年间激起了下层的反抗，无奈之下，康熙颁布一项政策：以后增加人丁，永远不加赋税。

康熙的新政策在一定程度上化解了矛盾，但仍然不公平，以前丁役不均的情况仍然存在。随着人丁的增加，平均摊到每个人身上的赋税相对减少，如何重新计划丁银便陷入了混乱之中。解决这个问题一劳永逸的方法是按亩收税，不管你家里有多少人，你家有多少亩的地，就交多少的粮。这个由御史董之燧提出来的办法确实好，但这是一项重大的改革，所以遭到了很多人的反对。

最后，雍正决定先在几个省份试行，结果收到了良好的效果。即使这样，朝廷中还是有很多人反对。山东巡抚黄炳支持雍正的改革，他认为这是缓解民困最有效的方式。作为一个体察民情的封疆大吏，他感到按丁纳粮很容易造成贫民逃亡，如果摊丁入亩，有地的交税，没地的就不用交，可以减少贫富差距，这才是善政。

可惜由于朝臣反对过多，雍正并没有立即接受黄炳的建议，甚至责备黄炳轻率，让他管好自己省内的事情就行了。一个月后，直隶总督李维钧也提出了相同的建议，李维钧还解释，这项改革肯定会招致那些大地主的反对，他们田地多，交的税肯定多，所以不乐意。

雍正又认真考虑这个问题，再次交给户部讨论，意见纷纭。有人说按亩分摊同样不公，因为很多地方土地测量并不准，而且地有好坏之分，好的地产量高，不好的地产量低。这些也是实情，不过李维钧也有办法，他说把地分为上中下三等，根据地的质量来交税。雍正听了，大为赞赏，他让李维钧去办这事。

后来，李维钧对雍正说，他受到一些权势的孤立，怕事情办不好。雍正对他说："你放心去办吧，有朕支持你就够了。"

历时半年的摊丁入亩讨论终于结成正果，事实上这个问题在康熙年间就提出来了，但一直悬而未决。由此可见，在办事和改革这方面，雍正确实超越了其父。

改革从来不是一帆风顺的。浙江官员在推行这项改革的时候，遭到了地主阶级的反对，他们聚众到衙门口喊冤，巡抚法海居然惊慌失措，被这些人吓住了，表示暂不实行改革，可见改革难，推行改革更难。

雍正四年（1726 年）七月乡试时，浙江钱塘县上千富绅来到县衙，抗议摊丁入亩，他们还劝说商人罢市。对此，新上任的巡抚李卫没有妥协，采取了铁腕手段，制伏了阻挠改革的闹事者，最终让这项改革在浙江省顺利推行。

在这方面，河南巡抚田文镜办得也相当不错。李卫、田文镜等人在雍正朝都受到了重用。之后，各省陆续实行摊丁入亩政策，效果一天比一天显著。当然，这项改革的全面完成还是在乾隆朝。

摊丁入亩是一项惠国利民的政策，富人交的税多，穷人交的税少，跟现在的税收政策类似，我们再次看到了雍正的前瞻意识。

当然，这项政策的最终受益者还是清政府，有田的交税，就避免了无田者交不起税这个问题，税收有保证，国库也充实。有些人认为这是取消了人口税，其实并不是这样的，只是将丁银并入田地之中，换了一种更加合理的收税方式而已。

摊丁入亩是中国赋税史上一项重大的改革，具有重要的意义。

清理民间欠粮

如果说雍正之前的改革让官僚们的日子难过，那么眼下这项改革就让老百姓叫苦了。

清理积欠是指向民间的一个政策，而且重点放在江南地区。江南最富庶的省份是江苏，江苏每年缴纳的税银超过三百五十万两，在全国各省中排名第一。在江苏省中，缴税最多的是苏州、松江、常州三府。赋税越重，欠的也就越多。

康熙五十一年（1712 年）到雍正元年（1723 年），十二年中，江苏积欠税银八百八十一万两。雍正上台之后，可没有康熙那么仁慈，这笔钱他是一定要拿回来的。江苏巡抚张楷请求给江苏十年的时间还清这些钱，雍正答应了他。后来，雍正发现张楷的话是空话，对江苏的印象更差，要求严厉整治江苏官场。

雍正六年（1728年），雍正派遣户部侍郎王玑和刑部侍郎彭维新带领四十多名候补官员来到江苏，到各州县清查积欠。他们的任务是在一年之内追回全部积欠。这个难度是相当大的，仅苏州府就关押了一千多人，结果，整个江苏省人心惶惶，有混乱的苗头。雍正一看，认为不能把事情闹大了，便要求停止追查，先查官场上的人，民间拖欠的，以后再处理。

到雍正九年（1731年）时，清查工作才结束，从康熙五十年（1711年）到雍正四年（1726年），江苏总计欠银一千零一十万两，其中被官吏和豪族侵蚀的有四百七十二万两，接近一半。雍正决定，官吏和豪族欠的在十年之内还清，民间欠的在二十年之内还清。

福建省的积欠要少很多，只有四十四万两，其中民欠的有三十三万两。雍正也派遣钦差大臣专门处理此事，在福建，积欠和亏空同时处理。后来，福建省出现了灾荒，民间歉收，雍正格外开恩，不再追究积欠。

山东省的积欠相对较多，有三百万两，这笔钱直到雍正死还是三百多万两。乾隆继位之后，免除积欠，山东人民欢呼。

各省都有积欠，数量却有很大的差别。积欠者几乎囊括了当时社会的各个阶层，有官僚，有大地主，也有中小地主，还有自耕农。在清查积欠的过程中，雍正也区别对待，官吏的属于侵欺，地主的属于包揽，平民的属于民欠。雍正打着惩治贪官污吏的幌子执行这项政策，其实是掩人耳目，在积欠这事上，民欠的数额最大，所以这项政策的主要对象还是平民。

当时很多人逃税，逃税的方式是隐瞒田产。对此，雍正是无法容忍的，他接受田文镜的建议，在河南率先推出自首隐田政策。所谓自首隐田政策就是鼓励民间自首，报出自己隐藏的田产，只要你自首的，以前隐藏的税粮不用交，对失于考察的官员也不查办，从今以后，你按规定缴税就行了；如果不自首，结果却被发现了，那就要进行严厉的惩治。

这个政策的效果立竿见影，跟田文镜的大力执行有关系。雍正所做的这一切，根本目的还是增加清廷的财政收入。

货币政策

古代很多皇帝不懂经济，雍正却是一个例外，雍正当然也没学过什么经济学，只不过他是一个细心的人，平时喜欢思考，在实践中摸索出了一些独到的经验。

清朝跟其他朝代不一样的地方在于，它没有非常明显地排斥商人，这跟商人对清朝的江山的贡献是分不开的，因此，清政府始终把商业看成是财政的一块大蛋糕。

清朝商业相对比较发达，所需要的货币就更多，当时很少有纸币，主要是铜钱、白银、黄金。最主要的流通工具是铜钱和白银，不过当时铜矿严重不足，导致钱币很少，流通出现了困难。根据供求关系，这势必导致铜贵银贱的现象。本来，根据清政府的规定，一两银子值一千文铜钱，但实际上换不了这么多。

如果不能解决这个问题，将会导致货币的混乱，雍正也做出了一些努力，但没有收到很好的效果。

雍正九年（1731 年），京城钱价昂贵，户部尚书建议国家出钱，用九百五十文换一两银子，等以后经济发展了，就用一千文兑换。这其实是调整比例，努力做到一两银子值九百五十文。可惜，这个数字跟市场还是有一定的差距，当时一两银子大概只值八百多文。

任何时代都会有假币，尤其是在钱不够用的时候。古代铜钱并非全是由铜制成，通常会混合一定比例的铅。加入铅之后，钱就更坚固，拿在手里也更沉一点，学过化学的人都知道这点。康熙制造的铜钱，铜与铅的比例是六比四，质量相对较高，雍正制作的铜钱，铜与铅的比例是五比五，质量相对较差，而且上面的字明显更模糊一些，看上去有些像假钱。这无疑给制造假钱的人以机会。

当时的假钱也是用铜做的，不过很轻，质量也很次，铸字更加模糊。当时有一种沙板钱，里面铅多铜少，比官方的制钱要小，更薄，上面有许多小砂眼，所以叫作沙板钱。这些劣质的假钱，在一千文中掺入三四十枚，居然可以合法地通行。

当时由于铜钱短缺，造假钱有暴利，如果不遏制这股不正之风，货币市场就会陷入混乱。雍正二年（1724年），步军统领衙门查获了沧州刘七等人的铸钱案。

私铸钱扰乱货币市场在当时显得尤为严重，因为清政府垄断了造钱业，所有铜矿都不允许私人开发。这些造假钱的人得不到原材料，唯一的办法就是熔化制钱来打造成本更加低廉的假钱，这么一搞，制钱会越来越少，私铸钱的市场就会越来越大。

为了整顿货币市场，雍正必须采取一些措施。

他禁止使用铜器，收集铸钱原材料。雍正四年（1726年），雍正下令，除了乐部必需的铜器之外，一概不允许用铜器，有铜器的必须交给官府，然后官府给你一定的补偿。如果有违令的，将治罪。九月，雍正又下令，只有准三品以上的官员才能使用铜器，其他人一概不准使用，拥有铜器的人，三年之内必须上缴（有偿）。十二月，雍正亲自带头交出铜器，表示以后宫中不使用铜器。

雍正带头，京城里的臣民们自然不敢不给他面子，但是地方上对此没有多大的反应。雍正五年（1727年），他又派出官员到各地收购铜器，取得了一定的效果。后来，雍正想，一些边远地方的百姓离交铜器的衙门太远，而且他们手中铜器也不会很多，让他们交铜器确实不太方便。雍正提出可以用交纳铜器代替税粮。

田文镜给雍正提了个建议，允许私藏铜器的绅衿之家的奴仆告发主人，只要证据确凿，告发者立刻可以恢复人身自由，主人还要被治罪，用这种方法迫使大户人家交出铜器，不可谓不狠，确实是一个好方法。

但雍正这个政策执行得并不是很好，为什么？表面的原因是铜器大多是成品，老百姓爱惜，不舍得当成废铜交出。其实，根本的原因还是他收购铜器的价钱出得太低，起码要根据铜钱的价值来收购别人的铜器吧！想用收破烂的价钱让别人交出有利可图的东西，不符合客观规律，即使有严刑峻法支持也很难成功。

在这个问题上，雍正始终没有看到问题的实质。解决这个问题的唯一办法是开发铜矿，让制钱能够满足市场的流通需要。

当然，我们也不能对一个改革者苛求太多，作为一个改革家，雍正背负的骂名已经相当多了，其中就有“爱银癖”，他成了世人眼中的葛朗台，这显然是对他的误解。

第六章　整顿八旗，调解满汉

雍正大为失望，痛骂这些八旗子弟，最后强迫他们去耕种。但是“强扭的瓜不甜”，这些八旗子弟过去后，不安分守己好好生产，反而偷偷卖掉牛、农具，出租井田。井田制实行十年后，雍正不得不承认这是一个失败。

解除旗主权力

八旗制度是努尔哈赤首创的，在创立之初，旗主分别由努尔哈赤的子侄担任。

旗主与旗下的关系过于密切，皇帝如果要发号施令，必须通过旗主。这就留下了一个隐患，如果皇帝跟旗主的关系不好，有可能会出现尾大不掉的情况。对于那些威信很足、坐了很长时间皇位的皇帝还好说，但如果是新君即位，威信不足，如果旗主中有人抱成一团，拥护其他人，那就危险了。

由于旗主的位子是世袭的，旗主与旗下的关系就更密切了，这对皇权来说是一种潜在的威胁。雍正是一个非常专制的皇帝，对他来说，任何威胁到皇权的东西都是不应该存在的，只要他发现了，一定会全力铲除。

从清太宗皇太极开始，清朝的皇帝们就在谋求削弱旗主的权力，毫无疑问，这是对创始者努尔哈赤思想和制度的一种背叛，但也是形势所迫，不得不为的一种手段。皇太极和顺治将正黄旗、镶黄旗、正白旗升为上三旗，由皇帝直接领导。剩下的五旗称为下五旗，依旧由各旗主掌管。

康熙时期，进一步剥夺旗主的权力，他让自己的儿子胤祐管理满、蒙、汉正蓝旗三旗事务，等于取代了原来的旗主。事实上，雍正继位之后，八旗旗主的势力已经非常衰微了。但对雍正来说，只要八旗旗主还有影响力，他就不能不动手改革。

刚开始的时候，雍正继承康熙的思想，任用自己相信的皇子和王公管理八旗事务，比如，他让康亲王崇安管理正蓝旗三旗事务，十七弟允礼管理镶红旗。尽管这些人都是他钦点的，但他仍然发现很多不完美的地方，无论是崇安还是允礼，身份都相当高，管理各旗后，地位攀升，有时候自己的命令也未必能很好地下达。雍正感觉到代理人与自己的矛盾，大权有被分割的感觉。而且，他任命的这些人往往与各旗都统发生摩擦，由于权限不明，这是难免的。

雍正六年（1728年），雍正取消了崇安、锡保、德昭等人管理旗务的权力。七年（1729年），雍正任命庄亲王允禄管理镶白旗满洲都统事务；九年（1731年），改允禄管理正红旗满洲都统事务；十年（1732年），任命平郡王福彭管理镶蓝旗满洲都统事务。这是一项改革，管理都统事务跟管理旗务有所不同，管理都统事务相当于一个兼职都统，管理旗务的相当于旗主，都统必须听命于旗主。都统是一种官职，不能世袭，也不是终身制，由皇上任命，属于流动的官职。

雍正的这个政策实际上就是取消八旗的旗主，换句话说，以后不需要旗主了，每个旗设置一个最高长官，这个长官跟其他官员一样，随时可能被调走。

就这样，雍正又不动声色地剥夺了八旗旗主的权力，这权力回到了谁的手中？皇帝，大权独揽一人之手。

剥夺了王公们的统治权不说，雍正还进一步给他们限定，禁止他们在八旗中挑选人员到自己的府中做差役，最多只能挑选一些人当护卫。如果想弄一些人做包衣，必须上奏申请。下属如果犯罪，王公要及时上奏，交给刑部处理。也就是说，王公们不断失去八旗的统治权，连袒护下人和处罚下人的私权都没了。类似的规定还有很多，最终的目的是告诉王公们，在国法面前没有家法，这个国家，我雍正一个人说了算。

此外，雍正严禁王公们勒索属下。雍正元年（1723年），一些王公的门人到外省做官，王公们便伸手向他们勒索。雍正清楚，这样一来，势必导致这些人在地方上贪污受贿，所以严令禁止。

第二年，有人揭发公爵星尼向门人王承勋勒索了几千两银子。雍正非常重视，对王公大臣们说："星尼不过是一个公爵，王承勋也不过是州县级别的小官，就勒索了几千两银子。如果勒索者是王公，门人是地方大员，那这银子不知道多少能打住！以后，这种事情必须禁止，如果发现了，将裁掉下五旗王府佐领下人，永不叙用。"

雍正是一个真正有治国头脑的人，他对王公下手，一方面是为了乾纲独断大权独揽，另一方面也是为了维护国家的稳定，达到长治久安的目的。收回王公的权力是反腐败的一项重要措施，如果腐败从官僚阶层入手，显然只是触到腐败的表面。

解决八旗生计

八旗在清朝属于上层阶级，在人们常识里应该不存在生计问题。

确实，在清军入关之初，八旗人口很少，大家都是官僚，有俸银有耕地，生活根本不是问题。但是，雍正继位之时，入关已近八十年，八旗人口大量增长，官职和兵额都有限，加上汉族、蒙古官员的加入，留给八旗子弟的官位更少了。而且，清政府有个非常荒唐的规定，八旗子弟除了当官和当兵，不能从事其他职业，这表面上是让他们当贵族，无形之中却让他们的生存能力退化。

八旗子弟由于长期和生产绝缘，加上生活上又喜欢比排场，导致他们入不敷出，生活艰难。这些问题当然也逃不过雍正的法眼，他屡次批评八旗子弟丢掉尚武的传统，追求享乐主义的生活。而且，雍正知道八旗子弟最喜欢逛戏园子，经常喝酒赌博，成天斗鸡斗蟋蟀，其中很多人靠变卖祖产过日子。

清朝毕竟是靠八旗起家的，如果八旗堕落下去，雍正担心国本受损。为了防止旗人堕落，雍正严禁八旗子弟斗鸡酗酒，号召旗人崇尚节俭。这些口号当然起不到什么大的作用。雍正五年（1727 年），顺承郡王锡保报告说，贾富成偷了军粮，还向人放高利贷；雍正命他追查，将追查得来的粮饷奖励给破获这案子的官兵。

雍正六年（1728 年），雍正在京城附近设立二十四个八旗米局，专门调查禄米的买卖；雍正想通过这种方式限制八旗子弟的靡费，真可谓用心良苦，简直像八旗子弟的严父，可惜子女不争气，父亲再严也不管用。

为了保证八旗子弟的温饱，雍正元年（1723 年），雍正从内帑中拨出八十万两银子，分给八旗。这种资助对于奢侈的八旗子弟来说，不过是杯水车薪。

八旗的兵额是固定的，但人口却一直在增长，于是多余的人丁越来越多，这些八旗子弟又不会干其他的营生，所以生活越来越差。雍正想通过扩大兵源解决这些人的生活问题，可惜政府财力有限，只能增加一点，这对八旗子弟来说，也只能解决很少一部分人的生计问题。

当然，八旗有田地，八旗庄田属于公田，旗人有使用权，但没有所有权，论理是不能随便买卖的。但使用的时间一长，他们也就变成了实际拥有者，所以很多人将田产典卖。雍正追查这件事时，考量到买卖旗地沿袭已久，不便依法惩治，但又不能不管。最后，雍正决定动用内库的钱，将卖出的地按原价赎回，雍正限定原业主在一年内赎回，过期不赎，可以让八旗内的其他人赎回。雍正这么做目的是保住旗人的产业，不让这些田地流失。

雍正的这些措施仍然无法挽回八旗子弟堕落的态势。雍正还通过屯耕的方式，鼓励八旗子弟自食其力。雍正在热河开辟了三处屯田，挑选了八百个没有产业的八旗子弟前去开垦。后来，雍正又在喜峰口设置屯田，让八旗子弟去经营。

雍正还实行井田制，在京城以南的霸州、永清、固安、新城等地划出大量的土地作为井田，让没有产业的八旗子弟前去耕种。每户人家给一百亩私田，十二亩半公田，私田在外，公田在内，另外给十二亩半的地方让这些人盖房子。甚至给每户人家发放五十两白银，购买耕牛、农具、种子。私田收入归耕种者，公田收入归公。这么好的政策，居然没有几个八旗子弟愿意去。

雍正大为失望，痛骂这些八旗子弟，最后强迫他们去耕种。但是“强扭的瓜不甜”，这些八旗子弟过去后，不安分守己好好生产，反而偷偷卖掉牛、农具，出租井田。井田制实行十年后，雍正不得不承认这是一个失败。

可以说，雍正为解决八旗生计问题殚精竭虑，可惜无法挽回旗人的颓势，只是减缓了旗人退化的速度。

调解满汉矛盾

满汉矛盾在整个清朝一直存在，在清初和清末最为突出。雍正曾经感叹，其他朝代结束了，改朝换代时前朝宗室都会对新朝表示臣服，唯独清朝取代明朝，还有许多不法分子打着明朝宗室的名义造反。

雍正元年（1723年）九月，雍正说他发现了一道康熙不曾发出的谕旨，谕旨称赞朱元璋统一华夏，文韬武略，连唐宗宋祖都比不上，所以派人寻访朱元璋的后裔，供养其后代。第二年，雍正找到正定知府朱之琏，说他是明朝后裔，让他负责明朝陵墓的祭祀。

朱之琏是朱文元的后代，朱文元是明朝宗室简王的后代，在松山战役中被俘，入了八旗。雍正拿朱之琏做文章，就是为了表达满汉一家的思想，让大家拥护清朝的统治。

在雍正朝，仍然有汉人借朱明的名义造反。甘凤池两次被抓住，释放后，坚持不懈地从事反清活动，世人风传甘凤池气功了得武艺高强，越传越神，很快甘凤池就成了反清的领袖。甘凤池身边有一个叫周昆来的人，本姓朱，据说是明朝宗室的后人，曾在苏州见过朱慈焕，互相认了亲。

李卫及时发现了甘凤池的活动，安排间谍打入对方内部，甘凤池等人相继被逮捕。

雍正一手打击反清运动，一手抬高明朝后裔的地位，意在向世人表明，大清和明朝后代并不是水火不容的，造反者纯粹是无理取闹。

直隶一带，满汉的矛盾尤为突出。因为这里是旗人的聚集地，旗人仗势欺人，与汉人经常发生冲突。

雍正元年（1723 年），直隶巡抚李维钧密奏房山县的庄头李信和宛平县的庄头索保住狼狈为奸，霸占地盘，抢夺居民的牲口，还发放高利贷，勒逼百姓，抢占民女，殴民致死。雍正让李维钧严查，为受害百姓出气。雍正清楚，像这样的事情往往与上面的王府有关联，所以告诉李维钧不必有任何忌讳。

尽管如此，李维钧还是有所顾忌。李维钧是汉人，如果惩治旗人，担心遭到王公贵族们的报复。雍正再次表示，让他放手查办，秉公执法。在雍正的大力支持下，李维钧才放开手脚，处理作案分子。

对于违法作恶的人，雍正向来不姑息，哪怕是皇亲贵族八旗子弟。康熙末年，旗人许二打死汉人刘国玉，雍正刚继位，本来新皇登基一般都会赦免犯人，但雍正却不赦免许二，他认为许二仗着自己是旗人行凶作恶，情节恶劣，如果不处决的话只会纵容更多的旗人犯罪。

清军入关后，旗人和汉人在法律上从来没有平等过。汉人如果犯了流放罪必须老老实实地充军，旗人却可以改为枷号、杖责，实际是减轻刑罚。雍正觉得这种政策跟自己的法制思想不太一致，遂召集大臣商议让旗人和汉民同等处置，废除折刑法。

一些大学士提出反对意见说，这项法律虽然不太好，容易让旗人犯罪，但是满人和蒙古人缺乏谋生之道，如果把他们发配，他们恐怕很难生存下去。雍正一听，没办法，还是按照既有方针办事吧！

在官僚集团中，也存在民族歧视。满族官员瞧不起汉族官员，这是由清朝历来的制度决定的，满官比汉官享有更多的特权。雍正对此却说："在朕的眼里，满汉官员皆为一体。朕对臣下极为公平，从来不看其他的东西，就看这个人能力怎么样。"

清朝的大学士、六部尚书、侍郎等高官，满汉都可以担任，但主事的一定是满人。譬如，军机大臣可以是汉人，但首席军机大臣一定是满人。当然，也有一些例外，像张廷玉这样深受雍正器重的汉人，就可以担任主事，比满人尚书的职位还高。

雍正六年（1728 年），上朝的时候，张廷玉不敢走在满人傅尔丹的前面，虽然论官职张廷玉要高一级。张廷玉向雍正请求让傅尔丹走在自己前面，但雍正不同意，一定要张廷玉走在前面。

在处理满汉官员的矛盾时，雍正并没有过分偏袒满人。譬如，杨文乾担任广东巡抚的时候，广州将军石礼哈和官员阿克敦、常赉、官达等人想谋害他，被雍正窥破，痛骂了他们一顿。

雍正曾自豪地说："朕治下的官员什么样的人都有，有满人迈柱，也有汉人李卫、田文镜、杨文乾，他们虽然出身不同，但都能尽忠竭力。至于那些挟私倾轧的小人，不管是满人、汉人还是蒙人，在朕这里都得不到重用。"

雍正的潜台词是：朕是一个非常英明的皇帝。

但清朝满人官员占据优势是个不争的事实，即使满官是汉官的下属，往往也瞧不起自己的上司。雍正知道这是满人的积习，对此非常警惕。

雍正说："天之生人，满汉一理，其才质不齐，有善有不善者，乃人之常情，用人惟当辨其可否，不当论其为满洲为汉人也。"

这并非雍正的真实想法，让我们看看雍正是如何对宗室大臣说的吧："我希望你们中能够多一些有出息的人，如果宗室里有一个有出息的人，就等于是满洲里有一个有出息的人。如果满洲里有一个有出息的人，汉人里也有一个有出息的人，我一定先用满洲里有出息的人。"

雍正用人的原则是：先把机会留给宗室，然后留给满人，再次留给汉军中人才，最后才留给汉民。前提是有才能，如果宗室里没有合适的人才，只好在满人里挑选；满人里没有，就在汉军里挑选；汉军里如果还没有，就在汉民中挑选。

在调解满汉矛盾方面，雍正确实采取了一些措施。但他的根本思想还是满汉有别，维护满人的统治地位。譬如，雍正禁止满汉通婚，想维护满洲的统治地位，这等于是螳臂当车，逆势而为。雍正本人就有汉人血统。

第七章　一个癫狂书生引发的文祸

曾静对吕留良崇拜得五体投地，他在《知新录》中说："皇帝应该由世上的大儒来做，不该由世上的英雄做。在春秋时，有资格做皇帝的是孔子，战国时应该是孟子，秦以后为程朱，明末应该由吕留良来做。"

曾静的意思是现在就应该他做皇帝。

无辜的岳飞后代

雍正六年（1728 年）九月二十六日，川陕总督岳钟琪喝完酒刚回到衙门，突然有一个人手持一封书信拦在他的轿前，扬言有要事禀报。

侍卫们正准备把人轰走，岳钟琪拉开帘子一看，见这个人不像官差，便让人接过他的书信。岳钟琪拿到书信，顿时一惊，只见信封上写着“天吏元帅”的字样。岳钟琪感觉这事不小，立刻让人把送信的人看守起来，匆匆进入衙门，屏退左右，拆开信查看。

不看不知道，一看吓一跳，这封信直看得岳钟琪冷汗淋漓。正如岳钟琪所奏：“臣不敢卒读，不忍详阅……恨不得立刻吃了逆贼的肉。”

这究竟是一封什么样的信，让岳钟琪如此惊慌。

给岳钟琪写信的人是湖南郴州的一个秀才，名叫曾静。曾静听说岳钟琪尽忠爱民，雍正却非常怀疑他，想要削夺他的兵权；岳钟琪不高兴，想要谋反。曾静万万没想到，他听到的只不过是流言，真实情况刚好相反。

雍正不但没有怀疑岳钟琪，而且对他非常信赖和器重。岳钟琪接替年羹尧担任川陕总督后，功高遭人忌，在曾静投书之前，诽谤岳钟琪的奏折就有一箩筐。雍正在任命岳钟琪为总督之前，议政大臣和署理直隶总督蔡珽就说岳钟琪这个人不可深信。蔡珽显然非常嫉妒岳钟琪，岳钟琪进京后，蔡珽故意在他面前放烟幕弹，说怡亲王允祥对他非常不满，傅鼐告诉他要小心。允祥是雍正最信任的兄弟，蔡珽说这话无非是告诉岳钟琪，雍正对他很不放心，想借此挑拨岳钟琪和雍正的关系。

当时，背后说岳钟琪坏话的人不止蔡珽，很多人借口岳钟琪是岳飞的后代，将来有一天可能会替汉人报仇，以此劝说雍正不要重用岳钟琪。上层这么说，更不用说市井流言了，市井陋巷到处流传“岳公爷”要带领川陕兵丁造反。社会上的传言是越传越有模有样，有人甚至说岳钟琪已经被雍正谴责，他的儿子已经被捉拿在案了。

这些传言仅仅反映了民众的一种心理诉求，这种诉求不仅是希望恢复汉家天下，也是一种唯恐天下不乱的冲动。

事实上，雍正对岳钟琪很信任。但曾静并不知道这些，他本着狭隘的认知，想借助岳钟琪实现自己的理想。为此，曾静给岳钟琪写了一封信，说他是岳飞的后代，岳爷爷曾经抗金，你身为他的子孙，当然应该继承他的遗志，现在你手握重兵，正好可以血洗宋朝和明朝的耻辱。随后，将信交给自己的学生张倬。

这封信让岳钟琪非常紧张，他给雍正上了一道奏折，请求雍正解除自己川陕总督的职务，以便让自己安享天年。当时，西北乱局未定，正是用人之际，雍正自然不肯答应岳钟琪的要求。

雍正朱批道：“卿的一片至诚之心，朕怎么会不理解呢？朕待卿犹如骨肉，卿是朕的国家栋梁，便是父母之恩也不过如此。卿怎么能提出辞职这种要求呢？朕虽然不是圣明之主，自负洞察世情，但绝不会为流言所误，卿在那里放心地干吧……”

岳钟琪决定找陕西巡抚西琳共同审理投书之人。西琳是满人，岳钟琪选他意在表明自己绝无谋反之心。在这件事上，岳钟琪必须非常小心，有人要他以岳飞后代的名义造反，这绝对是一个非常敏感的事件，处理不好，有可能招致抄家灭门之祸。雍正虽然表示信任他，但圣心无常，年羹尧和隆科多就是前车之鉴。所以，在这件事上岳钟琪再小心也不算过分。

审讯

岳钟琪字东美，四川成都人，父亲岳升龙曾担任四川提督。岳钟琪是南宋著名将领岳飞的二十一世孙。康熙六十年（1721年），岳钟琪平定西藏，擢升为四川提督。雍正元年（1723年），岳钟琪跟随年羹尧平定青海叛乱。年羹尧被解除职位后，岳钟琪接替了他，掌管西北十万大军。

《清史稿》对岳钟琪评价很高，认为岳钟琪性格沉毅，足智多谋，治理部下很严，又能与将士们同甘共苦。像岳钟琪这样的汉人被拜为大将军，又能让满洲将士对他心服口服，在康雍乾三朝也就岳钟琪一人而已。

岳钟琪又看了这封信，写信者是一个自称“南海无主游民”的人，那个送信的人自称张倬。岳钟琪本来邀请西琳一起来审讯，但西琳正在校场检阅士兵，未能按时前来。岳钟琪不便私自审讯张倬，一个人在房内来回踱步，忽然想到，这个人既然敢来投书，一定有后台，如果猝然审讯，只怕不能得到实情。

岳钟琪见西琳迟迟未到，便临时叫上按察司硕色，然后传张倬过来见面。

张倬进来以后，岳钟琪没有摆出审讯的架子，而是非常客气地请他坐，奉上茶水，和蔼地问他家里的一些情况。

张倬只说自己曾在江夏住过，但对老师的地址绝口不提。

不管岳钟琪怎么劝导，张倬就是不肯说出老师的所在。傍晚的时候，西琳才来到总督府，和岳钟琪一起审问张倬，但张倬誓死不说出老师的住址。岳钟琪决定用大刑逼迫他招供，没想到张倬屡遭重刑，多次昏死，就是不说实话。

岳钟琪担心，如果继续逼供，可能让张倬死于大刑。到时候，这案子就变成了无头冤案，雍正不免怀疑他想杀人灭口，并且还会连累西琳。于是，岳钟琪决定停止用刑，和西琳商讨，尝试用计诱骗他说实话。

后来，岳钟琪把审讯的内容上奏给雍正，岳钟琪说奸贼张倬狡诈非常，软硬不吃，即使用计诱他，也不上套。岳钟琪请求将张倬押送到京城，由雍正派遣王公大臣审讯。

雍正却不答应，硬要岳钟琪审理这个案子，为了表示自己对他完全相信，还教给他一些骗取口供的方法。雍正批道："这事还是由你来审理，你刚开始做得有点急，不应该当天就对他进行审讯，应当循循诱导他说出实话。他既然有胆做这种事，就说明是个不怕死的亡命之徒，即使解送到京城，估计也问不出个所以然。"

接着，雍正教岳钟琪如何套出对方的话，而且让岳钟琪在问话时不要有任何忌讳，只管问，问完之后一一奏来。

岳钟琪决定改变方式，先将张倬放出来，把他安置在一间房子里，然后送上好酒好肉。连续几天的审讯让张倬身体受苦、精神紧张，骤然换了一个环境，舒适的床，美酒佳肴，吃饱喝足之后，张倬睡意袭来，躺在床上呼呼大睡。

一觉睡到第二天中午，醒来后，侍卫再次把他带到签押房。这次，张倬感觉到不一样的气氛。案桌上没有任何卷宗，倒是有一个香炉，里面红烛燃烧，香烟缭绕。

张倬一时之间摸不着头脑，却见岳钟琪穿着官服正襟危坐。接着，岳钟琪说了一些"激切之言"，这些言语不便上奏给雍正，便以"激切之言"带过，内容无非顺着张倬的想法说，答应跟他结为兄弟，从今以后一起造反，同甘苦共患难。

岳钟琪见过大场面，演起戏来就像真的一样。张倬不过是长沙安仁县的一个乡民，没见过什么世面，哪里知道人心的险恶。虽然他对岳钟琪始终不太放心，但总是习惯把事情往好的方面想，他总是想，如果岳公爷说的是真心话，那么天下苍生就有救了，老师的理想也可以实现了。假想一多，就让他失去了分辨能力，心里的期盼不断地误导着他。

接着，岳钟琪对他发了一阵牢骚，说自己如何受到雍正的猜忌和朝臣的排挤，听得张倬相信了，甚至想开口安慰岳公爷："公爷，你也别太放在心上，这事就过去了，咱起来推翻这清朝。"

岳钟琪看张倬着迷了，便拉着张倬的手说："兄弟，从今以后跟着大哥打江山，为汉人出一口气。”

此时，张倬完全丧失了思考能力，只是一味地点头：“好好好……一切听从岳公爷的安排。”

雍正看到岳钟琪奏折中“盟誓”这一节，批道：“读到这里，朕禁不住满面流泪，爱卿的忠心，感天动地。像这样的盟誓，一定会为爱卿消灾减罪、赐福延寿。朕的喜悦之情简直无法用言语来表达……”

雍正给臣子的朱批很多时候都相当肉麻，看到这么肉麻的话岳钟琪当然不能表示反感，只能以肉麻回应：“嫌犯已经供认了真实姓名是张熙，臣为了得到实情，所以假装和张熙盟誓。看到皇上消灾减罪、赐福延寿的话，臣感动得流泪，感动得浑身发抖，惊喜之情无法自控。想想臣出身卑微，遇见了旷古难得的圣明君主，享受亘古未有的恩遇，真不知道是前世历了多少劫才换来今天的待遇。”

穷秀才的春秋大梦

张熙是长沙府安仁县人，家境贫寒，喜欢读书却一直没有机会。直到二十五岁的时候遇见了郴州人曾静，曾静考秀才的文章得到湖南省第一名。张熙因此非常仰慕曾静，拜到他的门下，跟着他读书。

几年下来，师徒二人两耳不闻窗外事，闭门读书。曾静的藏书极为有限，读完之后，曾静曾让张熙到全国各地去买书。

张熙遵从师命，由长江南下，前往浙江人吕留良的家里买书。这时吕留良早已去世，但他是清初的名儒，名声在外。张熙去之前，吕留良的儿子吕葆中也去世了。张熙去的时候，吕留良的孙子正好在家，让张熙挑选了几部书。张熙带回去后，曾静发现其中有吕留良的诗稿，其中有《钱墓松歌》和《题如此江山图》两首诗，曾静以为吕留良是天下知名的大儒，他的文章应该是没有任何问题的。然而，他没有想到因为自己的差错牵出了一场重大的文祸。

在晚清的野史和武侠小说中，江南八大侠中有一个叫吕四娘的女侠，传说这女子就是吕留良的女儿。还有独臂神尼，传说是崇祯砍断手臂的女儿，后来她练就一身武艺，深夜入宫，一剑砍掉雍正的首级，将雍正的脑袋放到吕留良墓前祭奠。最后，雍正下葬时不得不用黄金人头代替。这些当然都是传说，不足为信。

张熙供出老师曾静和一些来往亲友的地址后，岳钟琪立即快马加鞭让人向雍正报喜。雍正一方面奖赏岳钟琪，另一方面立即派人去湖南缉拿相关犯人。

雍正让副都统海蓝去湖南，会同湖南巡抚王国栋一起缉拿案犯。海蓝到达长沙后，当天晚上就采取行动，在宁远县捉拿了嫌犯刘之行和他的学生陈立安，在永兴县缉拿主犯曾静，在安仁县捉获张熙的父亲张新华及张照、张勘等人，在华容县查拿嫌犯谯中翼。

张熙的父亲张新华时年六十岁，原名张仕璜，以前考中了秀才，后来因为例考不到被除名。由此可见，张家虽然贫穷，但也是耕读世家。根据张新华的供认，张熙是他的二儿子，跟着曾静读书，这些年来，张新华发现儿子言语越来越狂妄，经常说一些出格的话，张新华干脆把他扫地出门。之后，张熙就住在曾静家里，师徒二人，臭味相投。今年，张熙回来将家里的薄田拿出去典当作盘缠，说是要到陕西投书。

张新华的供词：我被曾静所愚，儿子做出这样的事情，我不能管束，实在该死。

张熙的哥哥张照的供词：我只晓得种田，他们做的什么事情，我不知道。

曾静虽然是一个穷酸秀才，但是也有骨气，他把责任都揽到自己身上，说一人做事一人当，跟其他人没关系。曾静五十岁，是个秀才，每次例考都名列前茅，有一次考试却被列为第五等，也就是最末等，因此遭到除名。曾静说自己好几年前就有投书的想法，可谓酝酿已久。

第一次审讯时，海蓝问了他一个迫切的问题：“你说六省一呼可定，有什么凭据吗？”曾静回答说这是跟张熙商量的，当时看到一些地方流行瘟疫，有可能会天下大乱，所以就这么说，并没有什么周密的计划。

海蓝将审讯的情况及时上报给雍正，并将在张新华家里搜出的曾静逆书交给雍正。海蓝在奏折末尾，把曾静比作禽兽，说如果不是皇上的恩威，只怕抓不住犯人，因为犯人想自尽。

雍正怪招处理

谁也没有想到，曾静案牵出了一场惨烈的文祸，整个案子持续四年之久，直到雍正十年（1732年）十二月才宣告结束。

曾静、张熙谋逆案在所有封建时期的朝代几乎都是死刑，重者可能灭族。当时，朝廷上下也都主张将案犯处死，认为如果不杀这两人不足以平民愤。雍正的判决让大家大跌眼镜，他竟然不追究他们的罪过，宣布无罪释放。

接着，雍正就和曾静公开辩论，就投书内容辩论，雍正本着“平等”的态度要从思想上说服曾静，之后，将辩论的内容编成《大义觉迷录》，让曾静师徒二人回到湖南宣讲《大义觉迷录》。雍正还特别告诫地方官员，不要嘲笑讥讽这师徒俩，并留下一份奏折，让自己的子孙不要因为他们诋毁自己而追究杀戮。

这个结果发生在以刻薄寡恩著称的雍正身上，确实让人感觉很意外。乾隆上台之后，将曾静和张熙凌迟处死，收缴《大义觉迷录》，宣布为禁书。

曾静的书中，给雍正罗列了十大罪状。雍正把曾静的观点分为四个部分，逐条批驳。

首先，曾静认为雍正是个失德的暴君，罪恶滔天，禽兽不如，谋父、逼母、弑兄、屠弟、贪财、好杀、酗酒、淫荡、怀疑忠良、任用奸佞。在曾静看来，这十条罪状证据确凿。曾静相信康熙是被雍正害死的，雍正母亲也是被逼死的，甚至废太子胤礽都是雍正杀的，总之一切罪名都往雍正头上扣。

其次，华夷之分大于君臣的伦常。这个观点已经不再是针对雍正了，而是针对整个清朝统治的合法性。根据封建伦常，做臣子的应该对君主忠诚，曾静也赞同，但曾静认为华夷之分是更大的伦常。曾静说明朝皇帝丧失德行，臣子也失去操守，所以导致中原陆沉，夷狄窃取神器，如此大变，天地震怒，鬼哭狼嚎。在曾静看来，清军入关是天地间最大的不幸。在《知新录》中，曾静引述孔子评价管仲的话，管仲背弃以前的主人，侍奉齐桓公，孔子还赞许管仲，为什么呢？就因为无论公子纠还是公子小白都是华夏之人。曾静主张，对于夷狄应该赶尽杀绝，思想可以说非常偏激。

最后，岳钟琪是汉人，而且是岳飞的后代，没有理由不伸张大义，他觉得岳钟琪手握重兵，如果不造反，就是对不起自己的祖宗。

用现在的眼光来看，曾静是一个非常癫狂的人，相当自负，把自己看成拯救时代的先驱者。

在完成整个行动时，曾静也显得非常从容镇定。首先他选对了投书之人，从审讯的过程来看，张熙是靠得住的，软硬不吃。他叮嘱张熙不能莽撞，逆书可投则投，不可投则速速返乡。曾静甚至说，如果出现了差错，立即自尽，不连累任何人。

事发之后，曾静非常坦然，没有将过错推给其他人。或许雍正欣赏的就是这种骨气，所以不忍杀了他，还当廷跟他辩论，开创了古今历史不曾有过的奇闻。

到了朝堂之后，曾静知道，如果继续跟雍正较劲，那就生不如死了。所以，他立刻换了一副面目，迎合雍正的需求，由此可见，曾静也未必是腐儒。

在亡明之恨这块，曾静认为清朝入关，给大明朝的子民带来了极大的创伤，所以有恨，所以要复仇。

针对这一点，雍正解释："明末政教不修，朝纲废弛，盗贼四起，民不聊生，流寇李自成攻入北京，明朝亡国怎么能怪本朝呢？李自成攻入北京后，崇祯殉国而死，这时候明朝就已经亡了。后来，吴三桂向我朝借兵，消灭了流寇。后来世祖（顺治）皇帝君临万邦，救万民于水火之中，不仅为明朝报仇雪恨，而且让老百姓过上了好日子。我朝明明有德于明，怎么会有亡明之恨呢？所以说，我朝得国比商汤还要名正言顺。"

曾静当然只能点头了，这时雍正也给曾静一个台阶下："弥天重犯（曾静）对这些全然不知，不了解过去的历史，这也不能完全怪他，都是因为他很早失去父亲，又生活在穷乡僻壤，独居十多年，所以孤陋寡闻，听信流言，以为我朝天下是从明朝手里抢过来的。其实，明朝天下早就丧于流寇之手，我们只不过是把流寇赶走了。现在，弥天重犯终于意识到问题所在，了解到我朝是通过仁义建国的，我朝的皇恩不仅让亡明的后裔感恩戴德，而且连草木都动情啊！"

曾静附和道："对，由此看来，汤武虽然也是以仁义兴国，但终究是臣弑君，道德上不免有所亏欠。只有本朝的天下得于流寇之手，名正言顺，光明正大。所以，明朝后裔和汉人莫不感恩戴德，都希望为本朝效力至死。"

最后，雍正得出结论："弥天重犯从前过于无知，语言狂妄，妄引《春秋》以自误，所以才得出亡明之根的荒谬结论。现在，他已经意识到自己的错误，悔恨痛哭，简直生不如死。而且蒙受本朝厚恩，无地自容，从此虚心传授《大义觉迷录》以求良心无亏。"

雍正曾对岳钟琪说，曾静诬蔑自己也是好事一桩，正好可以借此洗刷自己的冤屈。雍正很早就知道朝野上下许多人议论自己，只是自己不便公开出来表态，所以隐而不发，泛泛而谈。现在曾静等于把那些言论公开化了，雍正可以公开申辩，澄清事实。雍正认为，曾静这么一个小民如此议论自己，肯定是有来由的，这些谣言肯定是从宫廷内传出去的，传播这些谣言的明显是阿其那和塞思黑。加上曾静早有不臣之心，听到这些言论，便一拍即合。

雍正将曾静谋反跟允禩集团联系在一起，可谓一大发现，既澄清为什么有人骂自己失德，又指出自己是合法即位。此案中，雍正的第二个奇招是将曾静和吕留良联系在一起。

吕留良是曾静师徒的偶像，在曾静和张熙家中都搜出了吕留良的诗文。张熙曾经把吕留良的书给岳钟琪看，岳钟琪没有看出反清的意识，张熙给他一一指出来。张熙的这些看法都来自曾静，曾静刚开始也没看出吕留良诗中的反清大义，后来反复推敲，才洞悉其意。

曾静对吕留良崇拜得五体投地，他在《知新录》中说："皇帝应该由世上的大儒来做，不该由世上的英雄做。在春秋时，有资格做皇帝的是孔子，战国时应该是孟子，秦以后为程朱，明末应该由吕留良来做。"

曾静的意思是现在就应该他做皇帝。

曾静把吕留良和孔孟程朱相提并论，吕留良真有那么厉害吗？

吕留良，号晚村，浙江石门人，顺治十年（1653年）中秀才。后来，思想突变，后悔曾获取清朝功名。康熙五年（1666年），吕留良放弃功名，到处演讲，名气颇大，许多人尊称他为东海夫子。吕留良执着于华夷之分大于君臣之义，他说："德祐以后，天地大变，亘古未经，于今复见。"南宋德祐二年（1276年），元军攻入临安，南宋灭亡，元朝建立。这是历史上第一个统一中国的少数民族政权，在吕留良眼里，这是一场浩劫。现在清朝的情况也一样，吕留良说，南明永历帝朱由榔从缅甸被送回国后，满汉皆倾心，向他下跪；处死永历帝时，天地晦暗，日月无光，连百里以内的关帝庙都遭到雷击。

康熙十八年（1679年），开设博学鸿词科，有官员推荐他，他誓死不就。第二年，地方官又以山林隐士的名义推荐他，他仍然不去。由于总有人推荐他做官，吕留良反感至极，最后削发为僧。这些做法无疑让他的名声更大。

吕留良的弟子严鸿逵继承了他的思想，希望发生天变，经常夜观星象，扬言数年之内，吴越有兵起于市井之中。严鸿逵以看清朝笑话为乐，索伦发生地震，他说老天对清朝不满……

严鸿逵的学生沈在宽也是一个坚定的不合作派，他写诗"陆沉不必由洪水，谁为神州理旧疆？"还说"更无地著避秦人"，他还摘录了吕留良的门人黄补庵的诗句："闻说深山无甲子，可知雍正又三年。"

雍正明白，吕留良是这些人反清思想的根源，决定首先驳倒吕留良的思想。雍正指责吕留良"凶顽梗化，肆为诬谤，极尽悖逆"。雍正说自古以来能够成为国君的人，都是有德之人，符合老百姓的需要的。对所谓的华夏之别，夷狄是禽兽，雍正非常反感；他说虞舜是东夷之人，文王是西夷之人，他们并没有因为地域的原因而当不上君主，当上君主后也没有因为地域原因损伤了他们的圣德。所以，雍正说夷狄和中原不是什么人兽之别，而仅仅是籍贯的不同。

雍正还顺便为清朝做了一些宣传。他说清朝开疆拓土，是中华臣民的幸运。汉人所谓的"孔雀翎，马蹄袖，衣冠中禽兽"是非常无知的话，这种服装是天命汗遗留下来的传统。雍正特别强调，南北朝时，君主只能统治一方，南北互相诋毁。朱元璋虽然经天纬地，但威望和德行未能招抚蒙古，在清朝的统治下，四海臣服，这不是幸事吗？

这场辩论表面上看雍正取得了全面的胜利，曾静等人"心服口服”，还为他免费宣传。

文祸在继续

吕留良案件要更复杂。雍正八年（1730 年）十二月，刑部拟出结案意见，雍正命人交付各省学政，询问他们的意见。之后，要求大家主动焚烧吕留良的著作，先把宣传工作做到家。雍正还让大学士朱轼批驳吕留良的四书讲义和语录，朱轼就是以前推荐过吕留良的官员。批驳完了之后，再刊印发行。

到雍正十年（1732 年），吕留良案子才定下来。

这个案子的结果委实出乎人们的意料，用雍正自己的话来说叫作“出奇料理”。谁也没有想到意图谋反的曾静被无罪释放，已死去多年的吕留良反而被开棺戮尸。

曾静之所以能活下去，根本原因是雍正想利用他作为活生生的宣传，为自己赢得天下民众的认可。而吕留良没有做任何反清的事情，则仅是因为言论和思想获罪。

曾案和吕案之后，雍正更加重视控制臣民的思想。

雍正七年（1729 年）十二月，湖南巡抚赵弘恩在浏阳县发现了《朱姓家规》一书，书中有“侏㒧左衽，可变华夏”的话。赵弘恩借题发挥：“现在这个圣明世道，大家享受和谐和恩德，居然有人敢如此狂吠，实在是大逆不道。”其实这句话并没有反清的特殊含义。雍正指示赵弘恩不必深究，不过要对朱姓严厉教育。

广东巡抚傅泰发现著名学者屈翁山诗文中有悖逆之词，隐藏不平之气，书中碰到明朝称呼之处都空抬一字。屈翁山死了三十多年，他的儿子屈明洪担任惠来县教谕，听到这个消息，自动到广州投监，交出父亲的诗文。傅泰严审之后，上报雍正，请求按照大逆罪枭首戮尸。雍正认为他的儿子自首，应该减刑，便将他的后人流放到福建，诗文焚毁。

江苏昆山人徐骏，是刑部尚书徐乾学的儿子，中过进士，被选为庶吉士。本来前途无量，但因为写了一句“明月有情还顾我，清风无意不留人”被人告发，说他思念旧明，对本朝大不敬。雍正便将徐骏斩立决，文稿全部烧毁。徐骏出身于官宦之家，年轻时轻狂暴虐，据说曾经用毒药害死自己的老师，因此受人鄙视。但他的“明月清风”则纯粹是文人附庸风雅的用词，根本不涉及反清。

雍正八年（1730年），福建汀州府上杭县有一个童生范世杰，读了《大义觉迷录》之后，向福建的观风整俗使刘师恕痛骂曾静，歌颂雍正，受到刘师恕的表扬。后来，福建的学政戴瀚来到汀州，他又送上呈文，痛斥曾静，对曾静指责雍正的言论一一加以驳斥，而且添油加醋，说雍正在继位之前，以子道事父母，以臣道事君父，接受皇位时，三兄有抚驭之才，谨遵父命，让弟弟当皇帝，而圣君不敢自以为是，三揖三让，最后才升堂践祚。范世杰还说雍正继位之前兄弟和睦，根本没有发生什么弑兄屠弟的事情，他还说雍正世道比三代

（夏商周）都强，生活在这个时代，纵然做鬼也幸福。

范世杰本想通过拍马屁的方式获取做官的机会，没想到居然被戴瀚关押起来。戴瀚问他三兄让位的话从什么地方听来的，范世杰说，在汀州城里大家都这样说。戴瀚把那话理解成允祉有做皇帝的才能，应该当皇帝，所以对范世杰进行了严厉拷问，并一一上奏给雍正。雍正大大地赞扬了戴瀚一番，还说范世杰不过是一个企图通过侥幸进身的小人，不会有什么背景，不必扩大化。

戴瀚和福建总督刘世明、巡抚赵国麟一起审问范世杰，问他三兄让位到底是怎么回事。范世杰诡辩说，所谓三兄不是指允祉，而是说三个哥哥。戴瀚问他凭什么说三兄有抚驭之才，范世杰回答说他也不知道，只是觉得天子家里的龙子龙孙应该都是贤才，他们让位说明皇上才能更加出众。这显然是诡辩，因为范世杰曾经听说朝廷有个三爷，虽然有才，但秉性残暴，做不得皇帝。

三位高官审不出什么所以然来，只好给范世杰安了个造谣生事的罪名，将他押回地方，要地方官严加管束，每天早晚高声朗读《大义觉迷录》。如果以后还多事，即治以重罪。

浙江淳安人吴茂育是宛平县的县丞，著有《求志编》，被自己的族弟吴雰告发。浙江总督程元章立即审问，评论该书："语言感慨，词气不平，肆口妄谈，毫无忌惮。"该书有李沛霖作的序，纪年处只用干支，不写雍正纪年，分明是对当朝不满。雍正夸奖程元章办事用心得体，雍正还说这种人比盗贼更有害，一般的盗贼行迹在外，容易抓住，也容易惩罚，但思想盗贼却很难抓住，如果没有一定的细心和耐心，这种人是很容易逃在法网之外的。雍正还说判断一个地方官称不称职，就看他有没有认识到这个问题的严重性，不要怕麻烦，要敢于找麻烦，这才是好官。吴茂育的另一个版本的《求志编》里，有他自己的自序，里面就写了雍正纪年。这个案子后来不了了之，估计里面的悖逆之言纯属欲加之罪。

第八章　雍正的用人之道

在用人方面，雍正敢于用那些乖张狂妄的官员，而且有自己的理论依据："下属中敢顶撞上司的人，不可能是彻底糊涂的人，这些人必然有自信的地方。你们这些封疆大吏，千万不要因为下面一些小人搬弄是非，而错误地把有才干的人也一起株连了。作为地方大员，一定要有自己的判断力，不要被下面的意见蒙蔽了。"

李卫当官

雍正朝，在现代影视剧里出镜率最高的一个官员可能就是李卫了。

这个李卫，电视剧里说他出身非常卑微，还在扬州要过饭，最后居然成为雍正的三大廉吏之一。历史中的李卫是这样的吗？

历史中真实的李卫跟电视剧里描写的有所不同：江苏徐州人，麻子脸，身材非常高大，一米九几。李卫不但不是个要饭的，而且家庭非常富有，家里有许多马匹。李卫是个爱马之人，喜欢搜集良马。李卫家里有钱，家人为他捐了个监生资格，所以说李卫不是科举出身，而是捐纳出身。

李卫有一个特点，大字识不了几个。家境虽然富裕，但是他从小就不爱学文爱学武，他常常幻想用武功报效祖国。当官以后，李卫设置了一个勇健营，专门教士兵练习搏击拼杀之术。捕盗的时候，李卫都要亲自冲在前面。李卫是个对战场非常迷恋的人，当上巡抚后居然向雍正主动请缨，要上战场杀敌。结果，雍正让他很失望："这些事儿还轮不到你。"

读者朋友一定很好奇，像李卫这种没有文化的人是如何被雍正看中的呢？

康熙时代，青海发生策妄阿拉布坦叛乱，在平叛的过程中，朝廷缺钱。这个时候，一向有爱国心的李卫就对李老爷子说："我们为国家捐点钱吧！"这一捐就捐了几十万两银子。康熙非常感激，就给李卫挂了个官名，也就是所谓的捐官。捐官一般不会马上重用，暂且挂个名，有了合适的位子再上。

康熙五十九年（1720年），李卫终于得到重用，升任为户部郎中，相当于财政部厅局级长官。康熙的意思是，李卫家里的钱花不完，让他管钱，应当不会贪污。他的想法是对的，但这种逻辑不能推演，不能说所有家里有钱的人都不会贪污。

贪不贪污跟李卫个人的品性有关系，跟他家里是不是富裕没有必然的关系。

李卫真正得到重用还是在雍正的时候。雍正推行火耗归公政策时，李卫帮了大忙。当时有个亲王仗着自己是皇帝兄弟，坚持要收火耗，要把这个钱据为己有。李卫的官没人家大，怎么办呢？李卫便让人写了个字条：某某亲王的火耗。然后将银子包起来，贴上字条，往那儿一搁，这样一来大家都知道，这个亲王想要火耗。这下，亲王的脸丢大了，没办法，他只好向李卫道歉，让李卫撕掉字条，表示以后不敢再要火耗。

这事，让雍正对李卫刮目相看，给了李卫一个“勇敢任事”的评价。

李卫真无愧于雍正这个评价。他三十六岁的时候，雍正让他做云南盐驿道，这个官职听起来不拉风，实际上是雍正放在边疆的心腹大臣。云南是边疆，容易乱，容易走私，税收很难收。当年吴三桂坐在这里那么多年，不交一分钱的税，还让朝廷每年拨银九百万两银，可以想见，那时的云南是一个非常难控制的地方。

这里的税收特别难收，雍正必须找一个得力干将把这事办好。最适合做这件事的莫过于勇敢任事的李卫了。还别说，李卫来了之后，仅用八个月的时间，就把税收给收上来了，云南财政扭亏为盈，当年就盈余三万多两银。

雍正很高兴，立刻升李卫为云南布政使，地位仅仅在总督和巡抚之下。接下来李卫的表现让雍正有些不满，李卫仗着雍正的宠信，经常写奏章弹劾云南的官员，而且他还不是偷偷摸摸地干，是明目张胆，干完之后还让别人知道我弹劾你，结果把很多官员都得罪了。雍正怕李卫继续干下去，会惹来麻烦，便把他调到浙江去了。

李卫当上了浙江巡抚，虽然是浙江巡抚，但是雍正允许李卫兼管江苏的事情。到任之后，在抄家这块李卫显得相当拿手。曹雪芹家就是被李卫抄的，说实话，也只有李卫这样的人敢抄。要知道曹雪芹的爷爷曹寅跟康熙有往来，两人关系那么好，一般人不敢动他们家。

李卫这个人性格狂放，但又相当精明，他有一股任侠之风，但也懂得官场中的那一套。像这种人，因为没有城府，雍正不免更加相信他，袒护他。两江总督范时绎对李卫就相当不满，对雍正说了李卫不少坏话，但雍正丝毫没拿李卫怎样，体现了雍正在用人方面的自信。

在雍正朝中，雍正封的三大廉吏分别是鄂尔泰、田文镜、李卫，其中，鄂尔泰学历最高，进士出身；田文镜学历次之，没有考上科举，但也是一个监生；李卫则没有太多学识。

李卫做官的风格跟这些人都不一样，他既是一个干将，又是一个贪玩的人。他干活非常拼命，干完活之后可以几天不上班，专门玩乐，工作享乐两不误。

李卫做事非常怪，不拘成俗。他到西湖玩的时候，看到西湖这么多年没人修了，就下了一道命令，让人重新翻修西湖。

维修西湖是要耗费很多钱的，这些钱谁来出呢？李卫自己是不会出的——当地的有钱人出；出了钱，修一个小庙，在庙里弄一个牌坊，上面写着某年某月某日某人捐了多少钱。名留青史的好事大家一般还是愿意出份子的，而且巡抚开口，也不能拒绝啊！

西湖修好之后，李卫建了一个特别大的庙，请了一个职业画家，把自己全家的画像都画出来，供奉在庙里。西湖的景色是相当美丽的，李卫觉得，如果在西湖里办公就舒服了。可是西湖中间都是水，不能在水上盖房子。李卫一想，干脆坐在船上办公吧！

就这样，李卫整日整夜坐在船上。如果有人找他办公，必须得划船过去，没船的话你就自己游过来，李大人是不会迁就别人的。

由此可以看出，李卫这个人非常高调；雍正念在他功劳大的份上，这些小事也不跟他计较，但乾隆就不一样了。乾隆四十五年（1780 年），那时李卫已经去世了四十多年，乾隆南巡的时候来到西湖，看到李卫的像还在庙里供着，乾隆就生气了：有完没完，快撤了吧！

对李卫最看不惯的莫过于与他并列为廉吏的田文镜。田文镜曾在雍正耳边说李卫这不好那不好，最好革职查办，以免误导其他官吏。雍正是怎么回答的呢？雍正说，他这个人确实有毛病，有时候盛气凌人，不懂礼节，但这些都是小毛病，我们私下里交换意见就行了，用不着非得把他参掉。

后来这事被李卫知道了，李卫对田文镜非常生气，从此不理他。田文镜心想，这人受皇帝宠信，我这么一搞让人感觉就像个小人似的，得跟他缓和关系。后来，李卫的母亲死了，田文镜想借这个机会，给李卫送一份厚礼。

都说礼多人不怪，收到礼物后，李卫一看是田文镜送来的，把来人轰出去，礼品扔出来，骂道："我母亲如果活着，连小人的一勺子水都不喝。"

李卫就是这么牛，连田文镜都不放在眼里。

李卫这人刚正不阿，却也明白事理，他虽然没读书，却为读书人出过不少力。我们知道，雍正继位之后，江浙一带经常发生反清复明的运动，这些反清复明的活动，背后往往都有读书人在操纵。雍正一怒之下，禁止江浙考生参加科举。这一禁就是七年，李卫来到这里后，身为这里的父母官，他也希望自己这里多出人才啊！所以，苦口婆心求雍正高抬贵手，允许江浙考生参加科考，这一求就求了好几年，雍正终于答应了。没想到，江浙学生一参加考试，当年的状元、榜眼、探花全都落入江浙人的囊中。

这李卫真了不起，自己没读书，却能让读书人感恩戴德，做官做到这份儿上，可谓做出了境界。

在打击盐业走私这块，李卫也相当干练。浙江是产盐大区，走私食盐的贩子多如过江之鲫。封建社会，政府的一项重要收入就是盐税，所以每个王朝都把盐业盯得很紧，走私超过了多少斤就是死罪了。食盐是一个暴利行业，官办盐业的价格是成本价的几十倍，这么大的一个利润空间，是很难禁止的。

李卫是怎么打击私盐的呢？

第一，设立专门缉拿私盐走私贩的组织。为了打败那些大的走私贩子，还必须加强武装。有个姓沈的大盐枭，部众数百名，拥有好几艘大船，经常击败打击走私的官兵，气焰非常嚣张。李卫重用干将韩景琦，终于将沈氏拿下。

第二，盐贩子往往跟地方官勾结，所以要想打击盐贩子，少不了要整治官场。李卫加强官场纪律，奖惩分明，严厉约束地方各级官员。

第三，李卫在走私最为频繁的地方——海宁县长安镇设置巡盐千总，专门负责缉拿私盐贩子。

第四，控制产盐地，官家将所产的食盐全部购买，然后再分销给各商户，让他们再转手卖。

第五，降低食盐价格，让老百姓用得起食盐。

李卫的这些措施狠狠打击了猖獗的盐贩子，在浙江出现了食官盐多食私盐少的局面。遗憾的是，李卫调离浙江后，私盐业又猖獗了起来。

雍正实行摊丁入亩改革的时候，在浙江省遇到了强大的阻力，如果没有李卫的强力推行，不可能进展得这么顺利。李卫在浙江也做了不少造福百姓的事情，他开垦荒地兴修水利，最让人脍炙人口的事情是活捉了大侠甘凤池。甘凤池是武侠小说中飞檐走壁的高手。其实，这甘凤池根本称不上大侠，李卫把他抓住后，还没有用刑，他就把同党全部招了出来。

李卫只活了五十一岁，最后我们来说说他是怎么死的。一般有两种说法，一种是抑郁症，一种是肝炎。

抑郁症跟乾隆有关，肝炎就是自己身体的问题。据说乾隆即位之后，李卫的好日子就结束了。乾隆这个人一生写了几万首诗，虽然这些诗不全是佳作，但至少说明这个人读书相当多，古文功底是没有问题的。乾隆上台之后，重用学识渊博的鄂尔泰和张廷玉这些人。

李卫呢，只能靠边站了，新皇帝觉得这个大老粗没什么文化，不愿跟他多接触。以前，李卫经常参鄂尔泰、张廷玉这些人，现在风水轮流转，鄂尔泰整他的时候到了。

就这样，李卫失宠了，很郁闷，加上本身又有肝炎，所以乾隆上台三年后，他就去世了。

允祥受宠之谜

雍正跟自己的兄弟们关系都不好，允祥是一个例外。用雍正的话来说，允祥是一个贤王，自己是一个圣君，虽然有点臭美，但两人关系铁却也是不争的事实。

这是非常难得的，因为雍正是中国历史中疑心非常重，也许仅次于朱元璋的皇帝。允祥和雍正有这么一层关系：允祥的生母去世很早，随后交由雍正的母亲德妃抚养。两人不是亲兄弟，胜似亲兄弟。允祥从小就跟雍正比较投缘，结果，雍正跟自己亲弟弟允禵的关系反倒不是那么亲近。

很早的时候，允祥就跟定了这个不讨人喜欢的四哥，这才是他稳坐雍正朝第二把交椅的真正原因。后来，在所有的政治风波中，他都坚定地站在雍正这边。

康熙在位的时候，允祥没有被封为亲王。雍正即位后，立即封他为亲王，总理事务。允祥这个人很聪明，他不像年羹尧和隆科多那样，受重用之后反而更加谨慎，竭力辅佐雍正。他实在太了解雍正，他知道这是他自我保存的唯一办法，雍正这个人冷酷无情，一旦你侵犯了他的权威，亲兄弟也杀。

从一开始，允祥就只想老老实实做一个本分的亲王。

雍正执政之初，立了四个辅政大臣，第一个就是允祥，第二个是隆科多，第三个是允禩，第四个是允禩的党羽马齐。这四人中，雍正唯一信任的只有允祥。隆科多是帮助雍正上位的功臣，在当时的情况下不得不笼络。而允禩党羽甚重，雍正提拔他是为了稳定大局。

雍正后来回忆这段历史时说："辅政之初，阿其那包藏祸心，扰乱国体，而隆科多作威作福，事实上只有怡亲王一人傲然独立其中，稳定大局，从而让奸邪之辈不能发作。"

允祥这个人是非常会做人的。雍正考虑到他平时非常节俭，援引康熙年间分封亲王每人每年二十三万银两的例子，给他二十三万银两。他坚决不肯接受，雍正再三颁发谕旨给他，他不得已接受了其中的十三万两，余下的十万两说什么也不肯要。雍正另行施恩，准备扩充他的警卫队，他也坚决不接受。

后来，雍正又要增加他的待遇，他又不接受。雍正在心里感慨：真是个好弟弟啊！

雍正看允祥这么清廉，便放心地把财政大权交给他。在清查亏空中，雍正也把最高权力交给允祥。允祥也没有辜负雍正的期望，手握权力之后，没想过弄权徇私，而是踏踏实实地办事，认账不认人，努力为雍正改革贡献自己的力量。

这两兄弟在治国方面配合得非常默契，雍正是个很难相处的人，之所以有这种配合，跟允祥的智慧是分不开的。

雍正四年（1726 年），雍正让允祥为自己寻找墓地，雍正信佛，相信灵魂不灭，所以对建造陵寝格外重视。他想找一块上好的风水宝地，这种事只能交给允祥。

于是，允祥带着一干人等，跋山涉水，像风水先生一样实地勘探。第二年春，在九凤朝阳山看到一块墓地，雍正也觉得可以。后来开工之后，发现土地中杂有沙石，雍正不满意了，说规模虽大，但里面夹有沙石，不可用。允祥于是继续寻找，发现遵化没有理想的陵地，便来到易县的泰宁山太平峪，找到了一块上好的陵地。允祥上奏说："这块地是乾坤聚秀的地方，阴阳在这里汇聚，龙穴砂水，无美不收，形势理气，诸吉咸备。"雍正这才觉得满意。

允祥这次又立功不小，雍正决定在自己的万年吉地中赏赐一块"中吉"之地给他。

允祥听了，不但没有高兴，反而非常惶恐，他说这块地只有大富大贵之人才能享用，自己只不过是一个臣子，绝对不能在帝王的陵寝上修建坟墓。允祥是多么明智的一个人，雍正是否真心赏给他不得而知，但他如此回应确实很讨帝王的欢心。

后来，允祥在涞水县境内为自己找了一块平善之地作为墓地，认为像这样的墓地才适合自己，奏请雍正批给自己。雍正答应了他，接到圣旨后，允祥高兴得手舞足蹈。

允祥就是这么一个谦虚的皇弟，一个很会做人的臣子。他病重之时，雍正经常要过来看他，他执意不肯，说皇上日理万机，千万不要为了小臣耽误了国事。在去世之前，他反复叮嘱家人："丧事要按照一般亲王的礼仪办，不得逾越半分，丧事一切从简。"

雍正八年（1730 年）夏，允祥病逝，年仅四十四岁；雍正辍朝三日，悲痛万分。雍正亲自祭奠，素服一个月，一个月内不举办任何宴会。

你说，有这么一个兄弟，雍正能不珍惜吗？

能人鄂尔泰

鄂尔泰是满洲镶蓝旗人，生于康熙十九年（1680 年），康熙五十五年（1716 年）当上内务府员外郎，从此在康熙朝就没有再升过官。所以，他这官做得并不痛快。康熙六十年（1721年）元旦，他作诗："揽镜人将老，开门草未生。"还写道："看来四十犹如此，便到百年已可知。"

从这些诗句中可以看出鄂尔泰曾对于仕途非常失望，完全没料到自己后来出将入相，成为一代名臣。

康熙年间，当时还是雍亲王的雍正请求鄂尔泰为自己帮忙，鄂尔泰说皇子应当坚持自己的道德，不应该结交外臣，拒不答应雍正。雍正不但没生气，反而认为这个人刚正不阿，是个忠臣，父亲没有重用他实在可惜。

雍正即位不久，便召见鄂尔泰，赞扬他："你虽然官很小，但是敢抗拒皇子，说明你这个人很有原则，以后我让你做上大臣，你也一定会坚持原则的。"

雍正元年（1723年），雍正命鄂尔泰为云南乡试的副主考，鄂尔泰办事一丝不苟。五月，雍正就擢升他为江苏布政使。任用鄂尔泰充分体现了雍正的识人之术，他看出鄂尔泰可用，不仅不计前嫌，反而放心重用，胸襟确实博大。

雍正三年（1725年），鄂尔泰又升为广西巡抚，鄂尔泰赴任的途中，雍正又发来一道圣旨，调任他为云南巡抚同时管理云贵总督事。四年（1726年）十月，雍正授予鄂尔泰云贵总督兼兵部尚书。六年（1728年）十二月，雍正让鄂尔泰兼管广西，封为云贵广三省总督。雍正十年（1732年）正月，鄂尔泰被召回京城，被封为保和殿大学士，居首辅地位，相当于丞相。一个月后，加封一等伯。后来，苗疆叛乱，鄂尔泰平叛不力，被削去伯爵，留男爵，担任苗疆事务大臣。

鄂尔泰凭什么升官这么快呢？难道仅仅因为他刚正不阿吗？

鄂尔泰在雍正朝备受恩宠，主要还和他为雍正做的事情有关。雍正实行改土归流政策时，他为雍正详细地草拟了方针、措施，得到雍正的赏识。随后，鄂尔泰认真地执行改土归流政策，为这项改革的成功付出了不少的心血。

此外，鄂尔泰对用人挺有研究。他经常和雍正讨论用人之道，往往切中肯綮。哈元生是鄂尔泰一手提拔起来的，后来平定苗疆之乱的张广泗也是鄂尔泰推荐的。而且，鄂尔泰对自己推荐的人才有客观清醒的认识，他评价哈元生："人固然勇敢，但是有点接近残忍刻薄，才能可以用来做大将，不适合做统帅。"事实证明，哈元生确实只是一个将才。

鄂尔泰评价张广泗："这个人意志坚定，胸襟开阔，但是有些固执，属于那种能够办好实事的人，但是不具备统筹大局全面规划的能力。"换句话说，张广泗可以做好执行者，但是难以独当全局。

雍正对鄂尔泰的识人之术是非常赞同的，他说："爱卿的眼光，超越常人。"

当然，鄂尔泰也有受人指责的一面。比如，雍正是个嗜好祥瑞的人，鄂尔泰在这方面做得无人能及，难免给人拍马屁的嫌疑。其实，鄂尔泰心里清楚，祥瑞这种东西就是用来糊弄老百姓的，但他也知道，雍正正是要用祥瑞巩固自己的统治。大理的一个县令刘某奚落鄂尔泰拍雍正马屁，身居高位的鄂尔泰不但不记仇，反而公开称赞他正直，向雍正推荐他。对鄂尔泰来说，报祥瑞并不是拍马屁，而是在政治上给予雍正大力支持，所以他能够坦然面对批评。

鄂尔泰有一句名言："大事不可糊涂，小事不可不糊涂，若小事不糊涂，则大事必至糊涂矣。"鄂尔泰的话听起来非常玄，实际上他是鼓励人们在官场上要辨明大是大非，至于个人恩怨那些小节不要过于计较。由此可见，鄂尔泰是一个政治家，确实有丞相之才。

张廷玉跟鄂尔泰关系不好，但是也非常佩服他的眼光，甚至将鄂尔泰关于"糊涂"的言论奉为金玉良言。

雍正与鄂尔泰的关系一直都非常好，虽然后来因为他平乱不力给予了象征性的惩罚，但是并没有因此疏远鄂尔泰。

除了在公事上，生活上雍正也给予了鄂尔泰适当的关心，以此表明君臣之间并不完全是公私分明的关系。

首席秘书张廷玉

张廷玉，安徽桐城人，康熙十一年（1672 年）生，康熙三十九年（1700 年）中进士。

雍正即位之后，张廷玉晋升为礼部尚书，协办翰林院掌院学士事。第二年，调任户部尚书，兼任翰林院掌院学士、国史馆总裁、太子太保。四年（1726 年），晋升为文渊阁大学士，兼任户部尚书。六年（1728年），转到保和殿大学士，兼吏部尚书。七年（1729年），担任军机大臣，加少保头衔。八年（1730年），赐轻车都尉世职。

张廷玉在雍正朝绝对是一个大忙人，一身兼任的职务繁多。有时候，雍正一天召他三四次。遇到公务繁忙时，通宵达旦处理事务。雍正把他和鄂尔泰看成是自己的左膀右臂。

张廷玉这么一个大忙人，然而遍查《清实录》却发现张廷玉并没有干什么事情，这是什么原因呢？

说白了，张廷玉不是干具体某件事的人，他是皇帝的首席秘书，他每天要处理大量的文字工作，工作烦琐枯燥，当然不像平定苗疆之乱那样清清楚楚，可以摆在台面上说。如果说鄂尔泰是雍正的张良，那么张廷玉的工作有点类似于萧何了。

军机处的规章制度就是张廷玉制定的，《圣祖实录》也是张廷玉主修的，张廷玉的功劳外人看不出来，雍正自己最清楚。所以，他给予张廷玉非常优厚的酬劳，雍正五年（1727年），他赏赐张廷玉一个当铺，价值三万五千两白银。张廷玉得了小病之后，雍正对左右说："近来我感觉臂膀很痛。"左右好一会儿才听出雍正的弦外之音。

雍正需要处理那么多的奏折和政务，张廷玉如果不给力的话，雍正估计会死得更早。所以，雍正一再对张廷玉施恩，还赠给他一个春联："天恩春浩荡，文治日光华。"以此表达君臣二人的关系，一个是皇恩浩荡，一个是文治无量。张家世世代代用这副对联作门联，表示不忘皇恩。

张廷玉做官奉行沉默是金的原则，在他看来，埋头做事就行了。他经常对人说，富贵荣辱自有天命。他根据自己的切身经验说："经常见到皇帝想用的人，或者遭到弹劾，或者得病，或者死亡，结果却没有用。而皇上不想用的人，或因为有人推荐，或一时间没有适当的人才，反而见用了。所以说，人生有一定的定数，荣辱进退全凭命数，我们凡人只要埋头做事就好了。"

因为埋头做事、沉默是金，雍正赞扬张廷玉"器量纯全"。雍正说这话也是有深意的，以前在康熙朝的时候，张廷玉是鄂尔泰的上司，后来雍正把鄂尔泰提拔到张廷玉上头。张廷玉纵然再沉默是金，心里难免也不甘心，他的那番"命数理论"更多的还是用来安慰自己。

张廷玉和鄂尔泰是完全不同的两种人，雍正能够做到人尽其才，确实有独到的用人之术。而且，这两人虽然不和，但是并没有影响到工作，反而各司其职，井水不犯河水，由此可见雍正驭人之高明。

模范督抚田文镜

田文镜，康熙元年（1662 年）生，在雍正的股肱大臣中算是最年长的了。田文镜不过一监生，康熙二十二年（1683 年）时因为没有合适的人才，候补的他当上了县丞，后来又升为县令。做了三十多年的官，康熙五十六年（1717 年）时，田文镜才升为内阁侍读学士。

雍正元年（1723 年），田文镜开始发迹，出任山西布政使，第二年担任河南蕃司，不久又升为河南巡抚。五年（1727 年），晋升为河南总督，外加兵部尚书头衔。六年（1728 年），为河南和山东两省的总督。十年（1733 年 1 月）冬，田文镜病死，雍正给他上谥号“端肃”。

雍正给田文镜的评价是：“老成历练，才守兼优，自简任督抚以来，府库不亏，仓储充足，察吏安民，惩贪除弊，殚竭心志，不辞劳苦，不避嫌怨，庶务俱举，四境肃然。”

雍正的评价是有据可循的。雍正元年春，田文镜奉命去华山告祭，路过山西，发现闹饥荒，但巡抚德音谎称无灾。回来后，田文镜如实禀报给雍正。雍正立即让他去山西赈灾，罢免德音的职位。

田文镜担任河南巡抚后，发现封丘出现了罢考事件。田文镜力举镇压，以维护雍正的新政。但河南的学政张廷璐却支持学生，张廷璐是张廷玉的弟弟，田文镜面临着很大的压力。但他仍然参劾张廷璐，雍正大大地赞扬了田文镜，给予张廷璐处分。田文镜所到之处无不以废除陋规为己任，哪怕因此得罪权贵，雍正对此非常欣赏。

田文镜在河南的时候，经常遭到人们攻击，大家说这个人非常刻薄。对此，田文镜非常清楚，但他表示自己不怕人言。前往山东之前，他就扬言推行河南的政策，即使闹得山东怨声载道也在所不惜。对此，雍正表扬田文镜是“巡抚中第一人”，各省如果都能学习田文镜，那么天下就可以大治了。就这样，雍正把田文镜树立为模范督抚。

当然，田文镜这个人终究是个老练之人，他所做的那些事有很大的表演成分，但确实也做了不少实事。譬如，他后来给李卫送礼，这是公然行使陋规，而他之前也可以说是废除陋规的一面旗帜。

我们知道田文镜是以揭发德音隐匿灾情起家，讽刺的是，他在晚年也隐匿灾荒，最后被人捅出来，闹得满朝非议。雍正考虑到他立了不少大功，最后还是保了他。

后来田文镜的做官作风完全变了，经常报什么祥瑞、人瑞、丰登之类的，报喜的次数越来越多，就不习惯报忧了。雍正八年（1730 年），河南发生水灾，田文镜不但不报灾荒，反而说民间家里充实，可以自给。后来，灾民纷纷逃亡邻省，湖广总督迈柱将逃民送回原籍，并报告雍正。

田文镜的谎言被拆穿后，不但不承认，反而狡辩说，直隶、山东、江南的饥民逃到河南后，河南的商人囤积居奇，导致粮价上涨。

第二年春，河南的饥民纷纷离乡背井，四处乞讨。田文镜不但不救济，反而竭力掩盖事实。雍正知道这事后，袒护田文镜，说：“田文镜是实心办事的大臣，绝对不会无视民生艰难，估计是他这些年来年老多病，精神不济，被下面的人欺骗了吧！”

雍正为什么要袒护田文镜呢？一方面确实是因为他有功

劳，另一方面也是封建君主习惯把祥瑞说成是上天表扬政治好，把灾荒看成是上天的不满。田文镜一心维护雍正统治，所以瞒着灾荒不报，雍正对此也是心知肚明的。

田文镜跟李卫属于不同类型的人，李卫是真心办事的人，田文镜除了会办事之外，私心相当重。田文镜原属于汉军镶蓝旗人，地位比较低，他很想跻身上三旗里面去，但是又不便把自己的心思透露给雍正。于是，他就把自己的心思透露给河南布政使杨文乾。杨文乾再将他的想法转达给雍正，雍正知道后，立即提拔他进入上三旗，还由他自己选择去到哪一旗。结果，田文镜选择了正黄旗。

事后，雍正以一种责备的口气对田文镜说："我们君臣之间，恩重义深，有什么想法，你直接告诉朕不就行了。以后如果有什么不好开口的话，千万不要再吞吞吐吐，直接告诉朕就行了。"

用人就是一手刚一手柔

雍正在打击自己兄弟的时候手段非常残忍，容易给人留下其无法容人的印象，其实雍正并非不能容忍不同观点，只是不能容忍对自己有威胁的政敌。

朱轼在康熙朝时颇受重用，雍正即位后，继续重用他，封他为太子太傅，兼任吏部尚书。但是朱轼不仅不感恩，反而处处跟雍正唱反调，雍正想推行耗羡归公，朱轼就表示反对。雍正没有因此而记恨，反而升他为大学士，让他教育皇子。后来朱轼生病，请求退休，雍正挽留他说："你的病如果不可医，朕怎么能忍心挽留呢？如果可以治好，你又怎么忍心辞去呢？"

话说得非常动听，让人无法拒绝。

另外一个反对耗羡归公的御史刘灿，雍正开始以为他有私心，后来看他心地还算纯正谨严，遂提拔他为福建汀漳道道员。他赴任之后，揭发督抚的不法行为，结果奏章被截回，刘灿气得用头撞墙。后来，福建陆路提督丁士杰密参刘灿为人浮躁。雍正保护他，说他只是感恩图报过于急切所以才失礼，没什么大错。

雍正是一个很有自己判断力的人，他不容易受臣下的意见蒙蔽。

在用人方面，雍正敢于用那些乖张狂妄的官员，而且有自己的理论依据："下属中敢顶撞上司的人，不可能是彻底糊涂的人，这些人必然有自信的地方。你们这些封疆大吏，千万不要因为下面一些小人搬弄是非，而错误地把有才干的人也一起株连了。作为地方大员，一定要有自己的判断力，不要被下面的意见蒙蔽了。"

雍正经常说为政的第一要义在于用人，治天下的根本就是用人，其余都是细枝末节。

用人的前提是知人，知人还得胸怀博大，能够容人的缺点和一时的错误。有一次，河南布政使田文镜举荐了两人，结果这两人都不是人才，田文镜向雍正请罪。雍正怕打消他推荐的积极性，安慰道："知人需要极大的智慧，连皇帝都觉得困难，即使是亲生儿子时间长了也难保他不会改变，你不用自责。"

对所谓的清官，雍正有自己独到的认识，他认为只具备操守还不行，还得对皇上绝对忠心，会干实事。对于那些洁身自好，却不会治理地方的官员，雍正认为他们是沽名钓誉之徒。

在用人方面，雍正经常打破成例，破格使用那些优点和缺点都非常突出的人才。这方面最典型的例子就是李卫。李卫性格粗野，大字不识几个，而且脾气特别暴躁，经常骂上司，甚至把雍正的朱批公之于众。这些毛病，雍正都清楚，雍正认为，李卫天性如此，很难改变。正如鄂尔泰的评论，李卫这个人虽然狂直不谨，但长处很多，做事全心全意，从不瞻前顾后，而且心气高傲，为人正直，是个非常难得的人才。雍正对此非常赞同。

雍正对大臣的关心是无微不至的，有时候显得有些过分。如果大臣生病，雍正会表现出极大的关心，或派医生过去医治，或者赐药。年羹尧受宠之时正值壮年，但是气血两亏。雍正知道后，赐给他"天王补心丹"等名贵药材，让他爱惜身体，不要在无用的事情上劳心。田文镜受重用时已经六十岁，经常头痛发烧感冒，雍正非常关心他的身体，派遣医生为他治疗。李卫虽然身体壮硕，但体质不行，曾经多次在工作中吐血，雍正认为这是李卫急于报效，用心太过。所以，屡次劝他戒骄戒躁，要量力而行，不要透支身体。雍正的这些关怀可以看作情感的投资，也是用人技巧的一面，收效非常好，可以看成是用人柔术。

柔术只是雍正用人的一面，雍正还特别擅长权术，他会揪着别人的过错让人效力。雍正对尹泰和尹继善父子的驾驭就是一种权术的考量。尹泰原本是国子监祭酒，康熙末年，闲居在锦州。雍正还是阿哥的时候，曾经到奉天去祭奠祖陵，住在尹泰的家里，了解了尹泰及其子尹继善，认为这两人都挺有才的。

雍正元年（1723 年），尹继善考中进士，被召回京城，授内阁学士，从此以后，父子俩飞黄腾达。雍正让尹泰以左都御史的身份协理奉天将军。尹泰已经年过七十，思想保守，精力不济，把盛京管理得一团糟，雍正两次惩处了他。尹继善显然比其父的能力更强，雍正觉得他是封疆大吏的料。雍正让他做署理江苏巡抚，为了让他安心做事，雍正还将他老爸官复原职。

雍正一面做好事，一面放出警告的狠话，他告诫尹泰要改掉老毛病，还叮嘱尹继善，不要学习老父的坏毛病，之所以赦免你父亲，是因为可怜他年老，另外也因为你是可造之才。尹继善感激涕零，发誓要尽心竭力报效皇上。雍正就是这样，让人在心惊胆战中过日子，让人不得不效力。

对于藩邸旧人，雍正并没有格外重用，许多人反而闲置不用，例如戴铎、戴锦、博尔多等人基本上是处于闲散状态。像常赉、沈廷玉、傅鼐等人，虽然被起用，但都受到罪责和斥骂。在主子当上皇帝后，这些人不但没有好日子过，反而整天生活在心惊胆战中。

在世人眼中，雍正是一个非常多疑的人，事实也确实如此，他在朝野中布置了大量的密探。傅鼐身败名裂后，本来应该发配到黑龙江，但是雍正别出心裁，他让傅鼐去盛京，公开监视已经失势正在接受检查的蔡珽，让蔡珽一切事情都必须通报给傅鼐，傅鼐只能监视，不能干涉蔡珽，让这两个人互相恼恨。由此可见，雍正的心理是非常阴暗的，他总是从阴暗中摸索出控制人的办法。

密折制度也是用来监视群臣的，目的是把所有的人都掌控在自己的手中。雍正最讨厌的是臣下结为朋党，一旦发现这种行为，雍正会毫不留情进行打压，有时候到了非理性的地步。

第九章　西北不安宁

准噶尔是游牧民族，擅长骑兵，机动性很强，历来讨伐他们就很不容易。清军要想跟他们作战，必须有强大的骑兵。骑兵好找，但如何保障军需是个问题。前线跟内地距离太远，又多是荒漠地带，粮食很容易被敌人截击。

年羹尧平青海之乱

康熙末年，固始汗子孙的势力重新崛起，罗卜藏丹津承袭了亲王爵位，成为青海卫拉特蒙古和硕特部首领。

雍正元年（1723 年）夏，罗卜藏丹津在察罕托罗海召集各个部落的首领，要大家放弃清朝的爵位。罗卜藏丹津自称达赖浑台吉，要求统驭各个部落，阴谋割据青海。和硕特的另一个亲王察罕丹津和郡王额尔德尼额尔克托克托鼐不赞同，罗卜藏丹津就派兵攻打。

察罕丹津等人逃到甘肃河州，雍正妥善地安置了他们。

针对这场叛乱，雍正采取了两手政策。一方面，派人给罗卜藏丹津宣布谕旨，让他罢兵修好，如果不这么做的话就会惩治；另一方面，雍正命令年羹尧做好准备，随时准备出兵平叛。

罗卜藏丹津对雍正的警告置若罔闻，反而将责任全部推到察罕丹津等人头上。随后，他假装要罢兵，把雍正的使者常寿诱惑到察罕托罗海，囚禁起来。此外，罗卜藏丹津还和塔尔寺大喇嘛察罕诺门联系，希望他能支持自己。塔尔寺是格鲁派的圣地，察罕诺门信徒众多，得到他的支持意味着势力的大增。察罕诺门选择支持罗卜藏丹津，顿时，归附罗卜藏丹津的人多达二十万。

得到察罕诺门的支持，罗卜藏丹津如虎添翼，叛乱迅速在青海蔓延，甘肃、四川一带人心也不稳。

雍正元年（1723年）十月，罗卜藏丹津大军对西宁府周围的南川申中堡、西川镇海堡和北川新城发动了大规模的进攻。年羹尧在奏折中向雍正反映："叛军包围南川、西川、北川，每处都聚集着贼众两三千人，贼众攻城放火，无所不为。"

警报传到京城，雍正决心用武力平叛，尽管这时国内局势不是很稳定。此时，雍正最能仰赖的就是年羹尧了，他任命年羹尧为抚远大将军，延信为平逆将军，岳钟琪为奋威将军。雍正谕令边防的大臣、总督、巡抚等全部听从年羹尧的调遣。这时，雍正和年羹尧正处于"蜜月期"，两人关系非常好。

年羹尧接受命令后，立即率军从甘肃来到西宁。随后，年羹尧对战争作出了周密的部署，派兵驻守在永昌和布隆吉河一带，防止叛军作乱；又分兵守在巴塘、理塘、黄胜关等地方，截断敌军的进藏通道。年羹尧还请示雍正让靖逆将军富宁安屯兵吐鲁番，隔断叛军与准噶尔部落的联系。

布置妥当之后，年羹尧下令进攻西宁周边的叛军，一一将罗卜藏丹津的党羽击溃。罗卜藏丹津看到部众这么不堪一击，不由得发了慌，主动送还清廷的使者常寿，向雍正请罪，希望清廷能罢兵言和。

年羹尧虽然有调度权，但这事不好自作主张，便请示雍正。雍正坚定地说，不可以求和，用武力消灭叛徒。

雍正作战态度坚决，十二月，叛军纷纷投降清朝，总计有十万余众。雍正二年（1724 年）正月，清军以三千的兵力击败上万叛军，属于以少胜多，连年羹尧都夸奖岳钟琪厉害。

雍正二年（1724 年）二月，年羹尧召集各路将领商议，他的意思是调兵两万，从西宁、松潘、甘州、布隆吉河四个方向会攻。岳钟琪提出意见说，青海地域辽阔，敌军不下十万，如果我军分散，反而会四面受敌，不如趁着春草未生，派出五千精兵，直捣敌巢。

雍正经过慎重考虑，决定采纳岳钟琪的建议，让岳钟琪负责这次作战。二月初八，岳钟琪领军出击，经过一昼夜的时间，找到了敌人的巢穴。此时，敌人还在睡梦中，听说敌军偷袭，仓皇之态可想而知。罗卜藏丹津为了逃命，居然穿上女人的衣服，连夜逃往准噶尔。岳钟琪穷追不舍，每天追三百里，一直追到桑罗海，最后无路了，才返回。虽然岳钟琪没有抓住罗卜藏丹津，但俘获了他的母亲和妹妹，还有其他一些部落的首领。

这场战役历时十五天，杀敌八万，收降数万，获得牲口和武器无数。雍正说这次胜利是十年以来从未经历的奇功。雍正很高兴，封年羹尧为一等公，岳钟琪为三等公。

不久，年羹尧又肃清了叛军的残部。

善后处理

平定青海之乱后，年羹尧提出了十三条善后建议，雍正全部接受了。这些建议分别是：

一、根据青海和硕特诸部对战争的不同态度，分别给予奖赏或者惩罚，恩威并用，以此警示那些反复无常的部落。

二、仿照喀尔喀蒙古，实行札萨克制度，给和硕特各个部落制定游牧地，编为佐领，授予佐领为札萨克。让他们内部不能互相征战，也不能反抗中央。各个部落每年举行一次会盟，盟长由大清皇帝指定，不许他们私自推选。

三、以前和硕特人进贡没有规律，现在将他们的部落分成三班，三年一班进贡一次，九年一个轮回，进贡时马匹骆驼自备。和硕特人和内地的贸易，指定在西宁和西川口外的日月山进行，每年交易四次。

四、在青海的喀尔喀蒙古人，以前受到和硕特的统治，为了分化和硕特，允许喀尔喀设置佐领，建立札萨克，听命于清中央政府。

五、青海的藏人原本受制于和硕特，需要定期缴纳赋税。现在应该把这些藏人统一编户籍，设立卫所，由清廷来收税。再挑选一部分藏人任命为千户、百户、巡检，他们负责帮清廷收税，清廷收的税最好要比他们之前交给和硕特部落的少，以便抚慰。

六、安抚达赖和班禅。譬如，每年赏赐给达赖五千斤茶叶，班禅两千五百斤。过去藏人和内地贸易，要两处交税，既要交给清军，又要交给达赖。为了促进贸易的发展，不如两地都免收税。

七、整顿青海的喇嘛寺。喇嘛寺是这次叛乱的一个重要力量，而且这些喇嘛寺特别大，多的有几千人，少的也有五六百人。这些喇嘛收钱收粮，很容易成为叛乱势力的温床。所以，最好规定每个喇嘛寺里不准超过三百人，而且不能收税，他们的衣食住行由清政府解决。

八、从西宁到北川口、大通河、野马河、甘肃扁都口，这些地方应该沿途建设一些城堡和土墙，严禁蒙古人进入这里游牧。

九、在西宁这些地方应该增加驻军，以便随时弹压。

十、在许多地方，应该设置驻军。

十一、设立一些新的军营，相应地减少一些旧的军营人数。

十二、在西宁和甘州、凉州之间，屯田种地，将直隶、山西、河南、山东、陕西等流放的犯人押到这里干活。

十三、年羹尧从西宁撤回西安，办理川陕总督的事务，岳钟琪留兵四千，负责善后。

年羹尧还提出禁止青海十二事，雍正认为他的建议周密有效，都采纳了。平定叛乱，再加上这些善后措施，使得清政府更有效地对青海形成了治理。

青海平叛一方面是解决青海蒙古人叛乱的问题，但青海与西藏毗连，稳固了青海，另一方面也有助于对西藏的治理。成功解决青海叛乱问题，固然有年羹尧、岳钟琪等人的大功，但也离不开雍正的英明决策。雍正一开始想通过和平手段解决问题，可惜行不通，之后便坚决主张武力。这次胜利，充分显示了雍正用人的高明，他将大权委任给年羹尧，同时又给岳钟琪充分的自主权。比如，岳钟琪曾经上奏给雍正，说军情千变万化，请求不必事事先请示年羹尧再行动。雍正批道："朕信得过你，凡事都以持重为上。西边有年羹尧和你两位，朕可以高枕无忧了。希望你们快点成功，早点传来捷报。"

如果不是雍正充分放权，信任年羹尧和岳钟琪这样的人，平叛不可能如此顺利。

经营西藏

青海的问题解决后，雍正便开始着眼于西藏。

在雍正刚继位的时候，四川巡抚蔡珽上奏从西藏撤兵，根据蔡珽的说法，这样做的目的是安定八旗的人心。雍正认为这种想法极为荒唐，用雍正的原话说就是“以皇考举行此事为非”。有意思的是，雍正当时其实是赞同蔡珽的看法的，后来局势发生变化，为了体现自己的英明，雍正改写了这段历史。

实际上，在雍正元年（1723 年）的时候，他已经将驻藏军队撤到察木多（今西藏自治区昌都）。所以说，雍正刚继位的时候，对西藏的掌控不仅没有加强，反而放宽了。

雍正初年，西藏内乱酝酿，雍正开始加强对这个地区的控制。这一年，五个噶伦矛盾冲突越来越激烈。大家知道噶伦是康熙设置的官位，用来分化西藏的势力。五个噶伦又分成两派，一派以贵族康济鼐和颇罗鼐为代表的后藏势力，另一派以阿尔布巴、隆布鼐、扎尔鼐为代表的前藏势力。七世达赖的父亲索南达杰支持前藏势力。刚开始，两个派别都忙于防范准噶尔，所以彼此的矛盾掩盖了起来。

平定青海叛乱后，雍正故意提拔康济鼐，支持他处理当地局面。作为一名贵族，阿尔布巴地位比康济鼐高，甚至得到了七世达赖父亲的支持。雍正这么做是挑起他们内部矛盾。阿尔布巴公开表示："我跟康济鼐的功绩一样，同受大清皇帝恩宠，名声和地位都一样，如果让我给别人提鞋，我可不愿意。"

雍正三年（1725 年）六月，驻军西藏的四川总兵周瑛奉旨回京；第二年，驻扎在西藏的礼部侍郎鄂赖也奉旨回京。结果，西藏的事情就完全交给地方的人自己处理，索南达杰趁机干政。

三年（1725 年）十一月，雍正派遣鄂齐、班第等人再次入藏。阿尔布巴等人得知这个消息，亲自到察木多迎接。四年（1726 年）六月，鄂齐等人抵达拉萨后，宣布康济鼐为"总理"，阿尔布巴充当康济鼐的下手，为"协理"。鄂齐还表示雍正希望康济鼐和索南达杰一同进京。

对此，阿尔布巴很不满，索南达杰是同情阿尔布巴的，也很不满。其时，川陕总督岳钟琪派遣参将王刚随鄂齐入藏，王刚回来后，告诉岳钟琪："阿尔布巴等人和康济鼐见面时，虽然极为恭谨，看上去也特别和气，其实这些人私下里沆瀣一气，故意把康济鼐孤立了起来。钦差刚到西藏时，达赖的父亲看上去特别高兴，跟跄迎接，后来听说要让他和康济鼐一起赴京，马上又称病，推辞不去。很明显，阿尔布巴等人和他们的领导康济鼐貌合神离，有叛乱的倾向。"

岳钟琪第一时间将这些情报呈报给雍正，雍正担心阿尔布巴这些人在西藏闹事，更害怕他们和准噶尔勾结，雍正指示岳钟琪要做好准备。此外，雍正接受鄂齐的建议，革掉隆布鼐、扎尔鼐两人的噶伦职位，孤立阿尔布巴。

五年（1727 年）正月，雍正正式任命内阁学士僧格和副都统马喇为驻藏大臣。阿尔布巴得知这个消息后，决定先干掉康济鼐和颇罗鼐两人，再造成地方局面控制在自己手中的既成事实，迫使清政府承认。

六月十八日，阿尔布巴勾结隆布鼐等人，经过精心的策划，借口噶伦议事的机会，在大昭寺中将康济鼐一伙人杀死。不久，他们又进攻后藏的颇罗鼐。

七月二十日，雍正派出的使者来到距离拉萨只有三天路程的地方，阿尔布巴派人去迎接说："现在七月是黑运月，此时入藏非常不吉利，你们还是八月来吧。"阿尔布巴想拖延时间，打败颇罗鼐。

后来八月到了，阿尔布巴也没有打败颇罗鼐，只好十里外跪迎钦差大臣。僧格和马喇到了后，连忙询问康济鼐被杀之事，七世达赖称这件事情跟自己没有关系，阿尔布巴则顾左右而言他，说颇罗鼐是个叛徒，不出几天就可以把这个人击败。

僧格等人了解到实情，立即汇报给雍正帝。雍正命令陕西、四川、云南等各路兵马做好准备，以备调遣。雍正认为，只要出兵，再将达赖喇嘛迁到西宁，西藏局面就可以稳定。后来，他深入考虑到，如果出兵的话，万一阿尔布巴狗急跳墙，挟持达赖逃亡准噶尔，那等于是让事情进一步恶化。所以，雍正决定暂不出兵。岳钟琪不赞同这种观点，他深知事情的严重性超出了雍正的预料。

岳钟琪说，阿尔布巴勾结达赖父亲，他们狼狈为奸，形成党派，为了自身的利益，公然杀害朝廷命官，如果这样的人都不除掉，西藏后患无穷。岳钟琪建议在春暖时节派大军入藏，同时发兵讨伐准噶尔，一并解决两个大麻烦，岳钟琪还建议先解除阿尔布巴的职务。不过，鄂尔泰并不赞同这种看法，他认为“以抚为上，剿杀次之；羁縻为上，驾驭次之”。

雍正陷入了极大的矛盾之中，他既不赞同鄂尔泰的主张，又不敢按岳钟琪所说的出兵，他非常担心阿尔布巴挟持达赖潜逃准噶尔。犹豫来犹豫去，他只好让岳钟琪派人前往拉萨，告诉僧格、马喇等人不要受阿尔布巴的迷惑，要心里明白，凡事偏袒颇罗鼐一方。

十一月中旬，事情出现了转机。阿尔布巴因屡屡不能战胜颇罗鼐，居然请求清政府出兵入藏。接到这个消息，雍正立即答复说来年春天就出兵入藏。没多久，准噶尔的首领策妄阿拉布坦去世，真是天助雍正。

雍正六年（1728年）五月，清军分南北两路向西藏进发，北路由左都御史查郎阿、副都统迈柱率领八千四百人，南路由四川总兵周瑛率领四千人，两支部队同时入藏。六月十五日，周瑛接到消息，颇罗鼐已经占领了拉萨，擒拿了阿尔布巴等人，正等候清朝官员过来审理呢！

清军进入西藏后，按照雍正说的，诛杀了叛乱分子阿尔布巴等人，颇罗鼐被封为贝子，代替康济鼐，总理西藏地方事务，雍正还特地赏他三万两银子。

平定了阿尔布巴叛乱之后，清朝进一步加强了对西藏的控制和管理。清朝一方面将西藏的政务委任于颇罗鼐一身，另一方面在西藏设立办事衙门，派遣驻藏大臣两人协助颇罗鼐管理。此外，还留了两千士兵在西藏。

派遣驻藏大臣的同时，清廷还决定将七世达赖父子移送到内地。

青海叛乱虽然平定了，但是准噶尔那边又不安分了。策妄阿拉布坦死后，他的儿子噶尔丹策零继位。噶尔丹策零扬言说要送回康熙年间掳走的拉藏汗的两个儿子。

用兵准噶尔

前面说到，雍正二年（1724 年）时，岳钟琪曾经打败罗卜藏丹津。罗卜藏丹津带着两百人逃到准噶尔，被策妄阿拉布坦所收容。清政府再三索取罗卜藏丹津，策妄阿拉布坦却始终不肯交出来。一时间，清军和准噶尔在边境地带对峙起来，气氛紧急，剑拔弩张。

策妄阿拉布坦死后，他的儿子噶尔丹策零接替。雍正决定一鼓作气解决准噶尔问题。雍正习惯将西藏问题和准噶尔问题一起考虑。雍正说："西藏和准噶尔的事情，跟安南、俄罗斯等海外国家不一样，其关系到内蒙四十八旗，还有西海蒙古、喀尔喀蒙古人的问题。准噶尔一天不安静，西藏的事情就一天办不好，西藏问题如果没有处理好，蒙古部落肯定心怀二心。这是国家社稷的大问题啊！”

在雍正看来，西藏和准噶尔关系非常密切：准噶尔安稳了，西藏这边也不会生事；准噶尔如果很不平静，那么西藏这边也会有动荡。

雍正决心抓住机会，趁着西藏平定、策妄阿拉布坦去世这样的好机会，出兵准噶尔。雍正让岳钟琪做好准备，兵分两路，准备讨伐准噶尔。

准噶尔是游牧民族，擅长骑兵，机动性很强，历来讨伐他们就很不容易。清军要想跟他们作战，必须有强大的骑兵。骑兵好找，但如何保障军需是个问题。前线跟内地距离太远，又多是荒漠地带，粮食很容易被敌人截击。雍正最开始打算用驮马运输，但成本太高，行动不方便，很容易成为敌人的目标。

岳钟琪提出了自己的建议，他提出车战的办法，具体思想是将运输和作战合为一体，并且通过车体作为掩护。按岳钟琪的说法，战车长五尺，宽两尺，一个人推，四个人保护，大家轮流推。一车五人，五车为一伍，五伍为一乘，四乘为一队，十队为一营。军需放在车上，驻防时，大家以车作营盘，打仗时，两队冲锋陷阵，三队紧跟着，其余五队围绕着营盘环护，堵杀冲入大营的敌军。

雍正接受了这个建议，下令打造战车，并密令各省督抚选出一些士兵，充作运粮兵。

七年（1729年）二月，准备工作到位后，雍正历数准噶尔首领的罪恶，说新继任的噶尔丹策零毫无悔改的意思，对准噶尔用兵是完成圣祖未竟的事业。雍正照例走走形式，让大家讨论一下该不该用兵，尽管反对意见很多，但只是走个过场。

三月，雍正下令两路大军同时出发，讨伐准噶尔。北路由靖边大将军傅尔丹率领，屯兵阿尔泰山，西路由宁远大将军岳钟琪率领，双方会师后攻打伊犁。

噶尔丹策零听说岳钟琪率军两万出哈密，派出使者来到岳钟琪的军营。使者告诉岳钟琪，罗卜藏丹津密谋杀害噶尔丹策零，阴谋未遂被抓，噶尔丹策零准备把他献给清朝。噶尔丹策零的意思很明显，希望雍正不要发兵，自己会跟清廷好好合作的。

岳钟琪将这个情报告诉了雍正，并声称自己怀疑噶尔丹策零的诚意。雍正想了想，让两大将军暂停行军，并召他们回京，面授方略。然后，雍正给噶尔丹策零发了一个谕令，让他请求封号，并将他所有的部下都编旗分佐领。

雍正的谕令毫无疑问让噶尔丹策零非常恼火，正好，岳钟琪回京了，噶尔丹策零率军两万袭击了科舍图的清军，来了个先下手为强。岳钟琪和傅尔丹回京后，提督纪成斌和副将军巴赛分别暂时代管他们的将军印。科舍图距离纪成斌的大营比较远，纪成斌完全没有料到噶尔丹策零会来这一手。

噶尔丹策零乘虚进入科舍图牧场大肆劫掠，总兵樊廷、副将冶大雄率军两万赶来救援，后来，张元佐总兵也赶过来救援。激战了七天七夜，总算夺回了大部分的骆驼和马匹。

雍正嘉奖了樊廷等人，将纪成斌降为副将，并让北路军的副将查弼纳赶过来支援西路军。科舍图的失利应该说是雍正决策的失误，他误信噶尔丹策零之言，将主帅召回，导致军机延误。但雍正却责怪岳钟琪，甚至怀疑他搞鬼。九年（1731 年）二月，岳钟琪奏议军机事宜十六条，雍正却说他的奏折无一可取之处。后来，又派人监视岳钟琪，时常责备岳钟琪，说他带着两万九千人马，一味防守，不知御敌，调度无方。五月，雍正任命石云倬为西路军副将，名义是协助岳钟琪，实际是牵制他。满人查郎阿在岳钟琪出兵的时候，就代理川陕总督，岳钟琪事实上又受到查郎阿的限制。事实上，此时的岳钟琪受到重重的监视，这无疑打击了他的积极性。

九年（1731 年）六月，噶尔丹策零得知西路军牲口匮乏，不能进攻，便派遣大小策凌敦多布率军三万进攻北路军。进攻之前，噶尔丹策零先派人向傅尔丹诈降。傅尔丹有勇少谋，未能核实敌情，就轻信了他们，由准噶尔人领头，率领一万人前进，企图击破博克托的准噶尔军。副都统定寿、海国、永寿等人虽然极力苦谏，说敌人可能是使诈，不要轻敌前往，但傅尔丹就是听不进去。

六月二十日，傅尔丹率领军队进入敌人的埋伏圈，两万多准噶尔部队对清军发起了猛烈的攻击。当傅尔丹派出增援部队时，清军的前锋部队已经被击溃。这一战清军大败，退到科布多。

失败的消息传到雍正耳朵里，雍正为了掩饰，不但没有怪傅尔丹，反而说："这一战损兵败绩，固然有罪，但朕也有不是，是朕在条件不允许的情况下逼着傅尔丹出战，所以宽恕傅尔丹的过错。"

雍正甚至把自己的腰带赐给傅尔丹，说："朕知道你们很愤怒，知道你们很想报仇，但还是希望你们理智。敌人即使来了，也不要轻易追击，如果能坚守，你们就算是有功劳了。如果科布多难守，可以退到察罕瘦尔。"

大胜清军之后，噶尔丹策零的野心不断增长。九月，噶尔丹策零让小策凌敦多布率领六千骑兵，作为先锋，向克鲁伦河方向进攻。大策凌敦多布拥兵两万，作为后援。喀尔喀亲王丹津多尔济率领部众阻击，重创小策凌敦多布，斩杀了敌方的巴图鲁。

傅尔丹失利后，岳钟琪请求由自己带兵进入乌鲁木齐。雍正经过反复权衡，最终同意了。岳钟琪兵分三路，攻向乌鲁木齐，乌鲁木齐附近的敌人纷纷迁徙，死伤甚重。

十年（1732 年）二月，噶尔丹策零派六千人骚扰哈密，其时，岳钟琪屯兵巴里坤，拥兵三万。当时是冬天，大地积雪，不方便作战。哈密那边发来求救信号，岳钟琪命曹勷前去救援，曹勷在二堡附近打败敌人。岳钟琪又让石云倬截断敌人后路，岂料石云倬动作迟缓，让敌人提前逃走了。

事后，岳钟琪弹劾石云倬，结果雍正反而责备岳钟琪，说他思想游移导致战守混乱，要他好好反省以观后效。鄂尔泰也趁机弹劾岳钟琪，说他身为大将军，在边疆只手遮天，然而智谋不足以料敌，勇敢不足以在战场上歼灭敌人，玩忽职守。雍正一听，连鄂尔泰也说你不好，削去岳钟琪公爵和少保头衔，降为三等侯。后来，雍正又把岳钟琪召回京城，当面指责他："掌管国家军旅重务，却把这些事情视同儿戏，而且赏罚不公，号令不一，平时不体恤将士，也不善于接受别人的建议，为人刚愎自用。"

随后，雍正命查郎阿代理岳钟琪的职务。查郎阿是满人，雍正等于是把西路军最高统治权交到满人手里。雍正任命张广泗为查郎阿的副将。张广泗到任以后，说岳钟琪的车骑营战法根本不适合西北地区，而且岳钟琪在统兵作战方面也毫无章法。查郎阿也对岳钟琪很不满，于是参劾了岳钟琪、纪成斌、曹勷等人，雍正下令将纪成斌、曹勷等人立斩于军营，至于岳钟琪，先囚禁起来。

雍正十二年（1734 年），大学士奏议将岳钟琪处死，雍正没有作出决断。

十年（1732 年）六月，噶尔丹策零率领大军越过阿尔泰山，傅尔丹在乌逊珠勒与其会战，结果大败。噶尔丹策零于是轻松来到杭爱山，抢夺了哲布尊丹巴呼图克图的土地。八月，噶尔丹策零袭击喀尔喀蒙古中最强大的部落策凌部落。策凌是大清的额驸、和硕亲王、喀尔喀大札萨克，驻在本博图山。当他听说噶尔丹策零偷袭自己的领地，掠夺自己的子女时，非常愤怒。他割断头发和马尾誓天，亲率两万蒙古兵驰援，同时急报顺承郡王锡保，请求他同时出兵，两路夹击敌人。

策凌带着两万人半夜时分从小道上山，到了第二天早上，犹如天兵天将一样出现在准噶尔部队的上面。策凌的人马从山上疯狂往下冲，很多准噶尔人还在睡觉，来不及准备就被踩得人仰马翻。准噶尔的部队无法应战，只能仓皇逃窜。

策凌穷追不舍，一直将噶尔丹策零追到鄂尔浑河边的额尔德尼昭（光显寺），这个地方左边是大山，右边是大水，无路可逃。策凌见状，率领大军对准噶尔进行一番杀戮，杀死了上万将士，山谷里到处是尸体，几十里的河水都是红色。

到了夜晚，噶尔丹策零率军突围而出，从推河逃走，什么辎重牲畜啊，都来不及带走，全部塞到山谷，以阻碍追兵。

策凌和锡保给驻扎在拜达里克城的将军马尔赛发了一封信，请他出兵拦截噶尔丹策零。马尔赛手中有一万三千人马，如果出城拦击，可以全歼噶尔丹策零。但不知为何，马尔赛却拒绝出兵，尽管他手下的副将达尔济苦苦请求，副都统傅鼐也急切希望出兵。

当将士们看到逃窜敌军完全没有阵形，居然不顾主将的反对，自己出去追敌，结果斩获了千余名敌人。不过，敌人的首领噶尔丹策零早已逃走。这次战役策凌厥功至伟，雍正封他为超勇亲王，大加赏赐，并授予他定边副将军，屯兵科布多。那个拒绝出兵的马尔赛被斩首。傅尔丹作战不力，削去官爵，留在军营里戴罪立功。锡保临阵怯懦，被罢免靖边大将军职位，年轻的多罗郡王福彭取而代之。

自从张广泗来到西路军后，军容有所改观，壁垒坚固，贼兵来了就会受创伤。

光显寺大败后，噶尔丹策零元气大伤，派人来请和。雍正看到出师这么久，没什么战果，便下令停止进攻。十一年（1733年）五月，雍正召集策凌、查郎阿等人进京，讨论要不要继续开战。策凌、查郎阿主张继续打，张廷玉却主张议和，认为先安抚为上策，如果准噶尔不老实，再征剿不迟。大学士傅鼐很赞同张廷玉的意见。雍正最后决定议和，派遣傅鼐和阿克敦与准噶尔谈判。直到雍正驾崩，谈判也没有达成最终协议。最后，这个烫手山芋交给了乾隆。

雍正在西北两路用兵，总的来说是没有收到很大的效果的。作为最高领导者，他的决策失误和用人失败是失败的最根本原因。

雍正对于准噶尔的情况不是很了解，策妄阿拉布坦死后，他认为这是向准噶尔进攻的最好时机。事实证明，他判断失误，继位的噶尔丹策零也不是什么省油的灯。此外，噶尔丹策零用计说送罗卜藏丹津进京，雍正听信了他的话，结果延误军期，挫伤了士卒的锐气。作战之后，清军接连败北，如果没有策凌的两次胜利，清军就血本无归了。

北路军几次失败，跟雍正的用人有很大的关系，北路军先后用了三个主帅。首先是傅尔丹，其次是锡保，最后是马尔赛。

傅尔丹这个人有勇无谋，担任靖边大将军时，轻信敌人，惨遭失败，后来担任振武将军，也不能克敌制胜。事实证明，傅尔丹这个人没有统帅之才。据说，有一次岳钟琪和傅尔丹商量军机大事，岳钟琪亲自来到傅尔丹的帐中，看到墙壁上挂满了兵器。岳钟琪问他有什么用，他说这是我平常习武用的兵器，挂在这上面可以激励全军将士。岳钟琪出来后，说道："身为一个大将军，不靠谋略，而仰仗勇武，离失败也不远了。"

顺承郡王锡保根本不是打仗的料，而是个八面玲珑协调关系的人，雍正让这样的人当大将军无非因为他是满人。马尔赛也是一样的，至今人们还猜不透他当时为什么不拦截穷寇。福彭为人比较老成狡猾，深得雍正的信赖，可惜他也不是大将军的料，担任大将军期间，也没有什么作为。

岳钟琪是一个优秀的将领，跟随年羹尧平定青海叛乱时已经显出了自己的才能，也正因如此，雍正对他期望很高。可是在科舍图刚一失利，雍正就把责任推到岳钟琪身上，对他又猜忌又贬损，让人把岳钟琪严密监视起来，让庸才查郎阿取代岳钟琪。

在整个过程中，我们发现雍正用人的另一面：根据个人的好恶奖惩，没有依据客观的赏罚标准。傅尔丹在和通绰尔失败后，雍正不但没有处罚他，反而赐给他御用腰带，后来傅尔丹再败，雍正也只是象征性地削他的爵位。与傅尔丹形成鲜明对照的是岳钟琪，雍正刚开始的时候对岳钟琪宠信有加，科舍图失利，主要责任在雍正自己和纪成斌；敌人在哈密逃跑，罪在石云倬，结果雍正处罚岳钟琪，将他下狱论死，这种奖惩带有很大的任意性。

说白了，还是汉人将士的地位比不上八旗将士，这种不平等导致了赏罚不公。赏罚不公难免会让军心不稳，绿营士兵难免会对上面不满，影响了士气和战斗力。这时的八旗军早已失去了努尔哈赤、皇太极时代的那种拼搏精神，他们安逸惯了，讨厌征战，但绝不是和平主义者。在他们看来，打仗是一件非常苦的事情，马尔赛就是其中典型的一个人。马尔赛公开说："做大将军还不如发配到黑龙江安逸舒服。"

这样一个大将军会统率怎样一群士兵呢？不用想也知道。偏偏雍正对汉人不信任，要用窝囊废制约和监视像岳钟琪这样的人。所以，西北两路用兵基本上是失败的。

尽管如此，也不能完全抹杀雍正的功绩，策凌的两次胜利毕竟给准噶尔以致命的打击，从而让他们主动求和，为乾隆解决准噶尔问题奠定了基础。

最后说说岳钟琪的命运。雍正毕竟还是明理的人，没有让岳钟琪重蹈祖先岳飞的命运。但岳钟琪也在班房里蹲了五年，乾隆即位后，释放了他，但此时岳钟琪已沦为平民。乾隆十三年（1748 年），因为用兵金川，乾隆想起了曾经叱咤风云的岳钟琪，重新起用他。岳钟琪不愧是将才，在金川之战中立功甚伟，为了嘉奖他，乾隆恢复了他的爵位，封太子太保，授三等公，赐号“威信”。

乾隆十五年（1750 年），西藏发生叛乱，岳钟琪以六十四岁的老迈身躯前去平叛，再立战功；两年后，岳钟琪又负责平定杂谷土司苍旺之乱；又过了两年，重庆人陈琨叛乱，岳钟琪前去平定，这次平叛是他人生的终点，在凯旋的路上这颗将星终于陨落，终年六十八岁。

第十章 改土归流与“苗疆”之乱

到了雍正的时候，土司制的弊端积累到一定程度，土司们对属民的加派问题日益严重。事实上，属民完全沦落为土司的奴隶，土司抢夺属民的子女不会受到任何追究。很多土司私定刑罚，私设刑堂，以致属民很长时间只知道有土法而不知道有国法。

由来已久的土司制度

在我国西南的一些省份，像云南、贵州、广西、四川等省的一些地方，住着许多少数民族。历史上，这些少数民族文化发展参差不齐，有的在偏远山区，跟当时的中央政府的关系松散。

对这些地区，当时的中央政府一直采取跟内地不同的怀柔政策，也就是羁縻政策。在唐太宗的时候就设置了羁縻州县，这些地方的刺史由当地的首领担任，宋朝沿袭了唐朝的旧制。元朝建立后，将这些羁縻州县纷纷纳入内地州县，对少数民族实行土司制度。

土司职位可以世袭，他们与中央的关系就是定期纳贡缴税。明朝建立后，仍然沿用了土司制，而且进一步完善，土司跟中央的关系更紧密了，要负责驻防征调等任务。到了清朝，仍然沿用土司制度。顺治五年（1648 年）提出口号："各处土司，应该世代守护着自己的地盘，不要听从叛贼的诱惑。凡是没有归降的土司，尽快归降，我们给予优待……"

土司制下，尽管他们的继承是世袭的，但也要中央政府的批准。不过，在土司内部，中央政府就干涉不了了，征多少税完全由他们自己说了算，土司内部有许多不成文的规定，比如对他的属民有生杀予夺的权力，这些中央政府都管不了。

还有一些地方，连经过中央政府承认的土司都没有，这些地方通常是由当地的头领控制，这种制度又叫作土舍制。土司和土舍们表面上臣服于中央，实际上都是林林总总的割据政权，他们和中央政权利益有冲突。明朝就做出了一些改革，对于一些条件允许的地区，取消土司制，实行郡县制，派遣流官前去治理。改土归流在明朝时期就已经开始，不过当时实行得还不多。

到了雍正的时候，土司制的弊端积累到一定程度，土司们对属民的加派问题日益严重。事实上，属民完全沦落为土司的奴隶，土司抢夺属民的子女不会受到任何追究。很多土司私定刑罚，私设刑堂，以致属民很长时间只知道有土法而不知道有国法。

土司与土司之间经常为了掠夺土地和人畜发生战争，一旦发生战争，有些土司的势力就会得到恶性膨胀。在明代，土司甚至对中央政权发动过进攻，清朝虽然没有这样的事，但是土司抢劫的事情经常发生，中间还有汉人被屠杀。有的土司统辖数百里地，拥兵数万甚至数十万，对中央政权构成了威胁，他们拥有大量的地盘和军队，甚至有自己的官吏、法庭和监狱。

这些土司俨然是独霸一方的土皇帝，妨碍了一个国家的统一，也不利于各地的经济文化交流。

雍正是中国封建专制的集大成者，他不能允许大清的版图上还有其他土皇帝。

土司的罪恶由来已久，不仅清廷想整治土司，属民们也强烈渴望摆脱土司的控制。有的村子里全村的人都要求离开土司，申请归地方政府管辖。

到了康熙雍正的时候，清政府里有许多有识之士要求对土司制进行改革，云贵总督蔡毓荣说："土司世代承袭，既不是通过选举，也不是通过中央任命，很容易做出违法乱纪的事情来。"有人甚至提出，土司制度是天地间的缺陷，如果任其发展，则会养虎为患。

雍正二年（1724 年），幕客蓝鼎元还提出削弱土司的具体办法：根据土司所犯的罪行轻重，削夺土司的村落，缩小土司的管辖范围；罪行严重的，则直接剥夺其土司的头衔，将其统辖的地方和属民交给州县管理；若是不方便实行改土归流政策，就将作恶的土司除掉，将他的领地分给属民的子侄和亲友。

在改土归流之前，清政府首先对土司进行分化和削夺。

鄂尔泰的建议

对于土司问题，朝臣们有各自不同的看法，广西巡抚李绂认为土司固然可恶，但也是维护少数民族稳定的一种力量，所以，现在还没到全面推行改土归流的时候。

雍正对土司的恶行深恶痛绝，他屡次对云贵等省的提督谈到土司的恶行，让他们加强对土司的管理，当然，雍正并没有提出具体的“加强”措施。

雍正三年（1725年），云贵总督高其倬要在贵州贵阳府广顺州仲家族的村寨边建营房，还准备增加防汛设施，这无疑涉及拆迁。当地的土司不肯合作，用大石头堵住路口，不让清军建立营房。当时，署理贵州巡抚石礼哈和提督马会伯都想用兵，不过雍正没有批准，他认为两人虽然有道理，但担心他们年轻孟浪，怕他们没处理好事情，反而惹出更大的事情来，所以叮嘱他们千万不要轻举妄动。

后来，雍正派何世璂为贵州巡抚。何世璂是招抚派，他认为用兵只会把事情闹僵，只有招抚才有效。然而，何世璂上任之后，也没看他有什么招抚绝招，最终一无所成。

三年（1725年）冬，雍正任命鄂尔泰为云南巡抚，管云贵总督事。不久，召高其倬回京，询问他关于少数民族的意见。高其倬主张出兵，高其倬实在太了解土司了，这些土司无法无天，除了武力他们什么都不买账。第二年春，雍正询问鄂尔泰的意见，鄂尔泰来到云南后，掌握了第一手资料，他亲眼看到一些土司烧毁清军营房。鄂尔泰也主张用兵："穷究到底，杀一儆百，让他们不敢再犯。"

雍正很看好鄂尔泰，认为他是才德兼优的大臣，一定能够担负这个使命，便同意了他发兵。

在长期的用兵过程中，鄂尔泰对土司问题看得更加透彻了。九月，他正式提出改土归流的建议，鄂尔泰说："这些土司互相残杀，互相掠夺，不少无辜的汉人被害，属民们生灵涂炭，这是边疆大害，不可以不除。只有实行改土归流才能一劳永逸地解决这个问题，如果只是擒拿首恶，也不过是治标不治本。"

鄂尔泰还提到改土归流有失败的可能性，很容易引起群众的不满和朝臣的批评，所以，这件事要做好必须殚精竭虑。如何改呢？鄂尔泰提出了一些具体的建议："计擒为上策，兵剿为下策；令自投献为上策，勒令投献为下策。"对于投献的人，只要没收他的田赋就行了，根据他的家庭人口，给予一定的补偿，并授给他们终身的官职，以资鼓励。这些措施的目的是让土司懂得反抗不如归顺。

雍正对改土归流政策的认识有一个过程，从最开始不赞同到调查研究，再到最后赞同。这个过程中他认真听取臣下的意见，能够从实际出发考虑问题。

父业子竟

雍正四年（1726 年）四月，鄂尔泰兵分三路，进攻长寨，一路途经谷隆，一路途经焦山，一路途经马落孔。随后，鄂尔泰亲自来到贵州，到长寨等地巡视。

长寨等地是苗疆的心腹地带，这里的土司尤其猖狂。夏天，官兵们焚烧敌对土司的寨子，可是没有抓到他们的首领。副将刘业浚作战犹豫，迟疑不前，贻误战机。鄂尔泰便任命总兵石礼哈前去搜剿，石礼哈大获全胜，歼灭了敌人的首从，缴获弓弩四千五百多张，毒箭三万多支，铠甲和牲畜更是不计其数。

鄂尔泰便在这里设置参将营，扼守这一带的险要。鄂尔泰还在这里设立了保甲，推行保甲法。接着，鄂尔泰趁着余猛未歇，又在广顺、定番等地招抚了六百八十多个寨子。不久，在永宁、永丰、安顺等地招抚了一千三百九十八个苗寨。贵州西、北、南三面的局势逐渐稳定了下来，鄂尔泰便集中兵力向东面的苗岭山脉和清江、都江流域进攻。

根据鄂尔泰的说法，这里的苗患更甚于土司，对这里的苗人，连贵州土司都钳制不了。苗人地盘蔓延几千里，在这里盘踞着一千三百多个苗寨，古州在其正中间。

六年（1728年），鄂尔泰推荐贵州按察使张广泗率兵剿匪。张广泗是个实干型人才，他带兵深入古州地区和古州江流域，雷山县地区、九股河上游地区以及丹寨县等地区，也都被张广泗降服了。张广泗拿下这些地盘后，在这里设置了厅县，安排了同知等官员处理民事，并在各地驻设官兵。

古州和台拱等地设置流官之后，土司的势力依然不可小觑，还没平定多久，苗人几次想暴动。雍正觉得，苗人如此不安分，一定是缺少教化，便安排几个大官到贵州去训导，可惜没有任何效果。

第二年，古州和台拱还是发生了叛乱。叛乱者以古州和台拱为中心，攻陷黄平，洗劫凯里，围困丹江厅，气势汹汹。雍正命哈元生为扬威将军，董芳为副将军，领兵剿匪。七月，雍正命刑部尚书张照为总理"苗疆"事务大臣，还让允礼、弘历、弘昼、鄂尔泰、张廷玉等人协助张照处理"苗疆"事务。

张照到任之后，反对鄂尔泰的改土归流政策，密奏雍正，改变改土归流政策，放弃"苗疆"，所谓放弃不是允许其独立，只是说不插手"苗疆"的内部事务。张照还拉拢哈元生一起弹劾鄂尔泰。哈元生是鄂尔泰一手提拔起来的，不愿做这种忘恩负义的事情。张照转而拉拢董芳，不断在雍正面前夸奖董芳，诋毁哈元生。

张照是才名满天下的大学士，但对军事一窍不通，他来到苗疆后，整天就想怎么搞垮鄂尔泰，心思很少用到正事上面。在张照的理论轰炸下，雍正逐渐对改土归流的政策产生了动摇，到后来，他完全相信了张照的话，认为改土归流不是一个好政策。

乾隆即位后，罢免张照，重用张广泗，最终完成了改土归流的改革。

云南的土司也很猖狂，乌蒙、镇雄、东川三个土府地域辽阔，土司势力强悍。这三个府以前都属于云南，朱元璋收取天下后，将这三府划归四川。明朝曾经打算在镇雄实行改土归流政策，后来因为当地的土司陇氏反对而作罢。康熙三十一年（1692 年），清政府也准备对东川实行改土归流，但由于撼不动土司的利益，改革徒劳无功，流于形式。

雍正四年（1726 年）三月二十日，鄂尔泰建议雍正将东川再次划归云南，得到雍正的同意。雍正让总兵刘起元驻扎在东川，随后鄂尔泰奏请马龙州知州担任新任的流官知府。就这样，在东川成功地实行了改土归流，无非是增加了两种东西，一是军队，一是衙门。

接下来轮到乌蒙和镇雄了。乌蒙的土司是禄万钟，镇雄的土司是陇庆侯，两个人年纪都比较小，所以真正的权力掌握在他们的叔叔禄鼎坤和陇联星手中。鄂尔泰让刘起元招降禄鼎坤，禄鼎坤被招降后，禄万钟邀请陇联星一起攻打禄鼎坤。鄂尔泰遂派哈元生支援禄鼎坤，接连攻破关隘，禄万钟败退到镇雄。鄂尔泰又招降陇联星，陇联星投降后，禄万钟和陇庆侯等人逃到四川，后来也投降了。

就这样，乌蒙和镇雄也实行改土归流政策，哈元生因为屡建战功，很快就升为云南提督。

当然，在改土归流的过程中，叛乱是家常便饭，但也没能阻止新政策的步伐。从雍正四年（1726 年）到雍正去世，接近十年的时间，基本上在云南、贵州、广西、四川、湖南、湖北六省完成了改土归流改革。

第十一章 雍正时期的外交

在雍正眼里，一般人信仰天主教还可以理解，皇室宗亲信奉天主教就是大逆不道。理由很简单，皇权受命于天，你相信上帝，置天与皇权于何地？

开放海禁

雍正的对外思想基本上是继承康熙的，但是跟康熙又有些不同。康熙对于西方的传教士采取一种非常理性的态度，一方面利用他们先进的科学技术，另一方面反感他们传播天主教，尤其对教皇格勒门企图干涉大清内政表示厌恶。

清初有两次禁海令，第一次发生在顺治朝，结束于康熙二十二年（1683 年）。禁海令撤销之后，江苏的松江、浙江的宁波、福建的泉州和广东的广州成为对外贸易的港口。很快，海外贸易就繁荣起来，中国商人和东南亚各国的交往日渐频繁。

本来形势一片大好，后来却出现了问题。

这个问题就跟现在有些留学生不回国一样。康熙很快就发现，每年出海的船只有千余艘，回来的却不过五六成，对于清政府来说，这就相当于大量的财富和人口流失海外。中国古话说得好，肥水不流外人田，要想不流外人田最好的办法是什么？禁止跟外面交流。

康熙五十六年，也就是 1717 年，再次颁布禁海令，明文禁止出海南洋。这就是清初的第二次海禁。第二次海禁与众不同的地方在于，不禁止中国船只出航日本，也不禁止外国船只来中国，但是严格禁止中国商人去南洋经商。只进不出，充分体现了封建统治者的思维方式。

禁海令显然不利于贸易的发展，沿海的许多商民对此很不满，结果就是一场旷日持久的博弈，上有政策，下有对策。你可以禁海，我可以走私，只要不被发现就行。

直到雍正继位，海上走私依旧猖獗。当时的台湾官员蓝鼎元是一个反对海禁的学者，雍正二年（1724 年），他上书说："福建、广东沿海等地，人稠地狭，耕地不足，当地居民靠海谋生的十有五六。他们往往在内地制造一些精美的手工品，这些手工品在内地是随处可见的便宜货，但是如果运到外国，就可以当成珍稀物品来卖，每年都能赚取巨大的利润，这就为我们中国敛聚了大量的财富，仅海关收入这块就不小了。

禁海之后，百害无一利，只会让沿海居民越来越贫困，迫使以前的商人变成游手好闲的人，最后变成盗贼。”

蓝鼎元的看法代表了一部分官员的观点，但是雍正坚持康熙的路线，认为海禁政策宁严勿宽。蓝鼎元的说法固然有道理，但是他没有解决问题，怎么解决许多商人不回来这个问题，商人不归国家的税收就少了，这才是清廷禁海的真正原因。

雍正三年（1725年），福建省秋季歉收，第二年春又闹饥荒，许多地方出现抢米事件。沿海的一些官员借此再次提出开放海禁，以缓解饥荒。

福建巡抚毛文铨奏称：“往年开洋之时，有很多洋船到厦门，各省的商人都到厦门来贸易，税收多得不得了。可是海禁以来，几乎就没什么税收，恳请皇上开放海禁。”

闽浙总督高其倬也上奏：“福建这地方地狭人稠，没多少田地可耕种了，许多良民选择上梁山。开放海禁让他们出海贸易，富人可以当船主，贫穷的人可以当水手和舵手，一条船可以养活上百人并且还有余钱留给家属……”

在沿海官员的轮番上奏下，雍正终于松口了，同意了高其倬的要求，准许福建对外贸易，这一年是雍正五年（1727年）。不过，雍正是非常保守的，他开放福建的海禁后，仍然对其他省进行海禁。在颁布这项旨令的时候，雍正还为康熙解释，说康熙过去实行海禁是体恤百姓，怕内地的人民转徙到外地。

这次开放海禁还有限制条件，出海船只的省份有限制，出海的港口也有限制，只能在指定的港口出入，方便政府收税。同年，雍正又开放广东海禁。雍正七年（1729年），李卫上奏说，浙江和福建相邻，福建开放海禁，浙江商人肯定不舒服，可能会偷偷跟着福建商人一起进行海上贸易，干脆让浙江跟福建享受相同待遇吧。雍正遂同意开放浙江海禁。

开放海禁之后，雍正又作了一些专门的规定：出口船只必须按规定时间来回。如果遇到特殊情况不能按时回来的，雍正也制定了一些特殊的政策：如果是因为账钱没有收清，可以到来年六七月回港；如果是被大风刮到其他省的，可以让该省的官员盖个印，说明情况后回籍；如果是被风浪刮翻没有证据的，可以找到幸存的乘客，或者邻近的乘客，了解情况后登记在册。如果故意捏造情况，推迟回港的船只，一定严加查办。

雍正还对那些逗留海外没有回国的人作出了类似赌气的规定：不准回国。本来，清政府的政策是允许海归的，但是几年以来，雍正发现坐商船回来的游子甚少。雍正感觉这些人不给自己面子，认为这些人都是不安本分的人，如果给他们自由，听任他们来去自由，这些人就更加没有顾忌，反正随时都可以回去，干脆在国外多待一段时间吧！所以，雍正限定了一个期限，逾期不回的人不准回国。

控制别人、限制别人是雍正统治的一大特色，开放一个小小的海禁，居然有如此多的限制。但不管怎么说，开放海禁毕竟比他老爹康熙更进步了，这也确实是一个利国利民的措施。

从雍正五年（1727年）到六年（1728年），从厦门出口的福建商船有二十一艘，七月以前返回了十二艘，带回大米一万一千多石，还有燕窝、海参、苏木、牛皮等货物，带回流落南洋的居民三十多人，有的人在海外生活了十七八年。这些人回来后，雍正一方面安排他们回原籍，另一方面让地方官严密查访，看这些人是不是间谍。

东南亚诸国来朝

安南是明朝时中国的附属国，两国的关系很友好。清朝建国后，安南依旧对中国称臣，每三年进贡一次。在雍正朝，中国与安南的关系非常好，不仅官方交往密切，民间也常有商业往来。

当然，安南也是一些反清人士的避难所。清初，这样的人特别多，后来，又有许多广西、云南的人移居到安南。雍正曾经对此愤愤不平地发表评论："这些无知愚民，抛家弃业，居然跑到交趾去开矿。"雍正是没有商业头脑的，在他看来，离开天朝，跑到弹丸小国去创业简直就是不懂沐浴浩荡的皇恩。

这些到安南创业的华人把母国的文化也带到那里，对安南的经济和文化都做出了重要的贡献。

尽管是附属国，而且也很友好，但毕竟两国接壤，难免会有一些纠纷，这些纠纷主要发生在边界上。在明朝的时候，两国就发生过边界纠纷。明朝时，两国以云南省开化府南二百四十里的赌咒河为界。不过，明朝官员粗枝大叶，以为铅厂山下的一条小溪就是赌咒河，致使中国失去一百二十里的土地。到了康熙二十二年（1683 年）时，铅厂山下小溪以内的几个村寨又被安南人占领了，最后以马伯汛为界，又失去了四十里。

到了雍正朝，云贵总督高其倬上奏："按旧的边界来算，应该把二百四十里之境全部收回，交趾有都龙和南丹两个厂，都在原来属于我们的边境里，安南国王把这两个厂看成是很大的利润生产地。如果我们要回来如同抢他的宝贝，他肯定不肯。请圣上定夺。"

雍正显得非常大方，说："朕素有怀远之心，与邻国纠缠边疆问题时，只要不是太大的地方，何不成人之美呢？在威与德之间，朕认为德更重要。都龙和南丹这些地方，在明朝时就为安南所有，我们就不收回了，还是以小溪为界吧！"

雍正四年（1726 年）八月，两国将国界定于铅厂山。没想到安南国王还不满意，继续骚扰雍正，雍正不堪其烦，将这个问题交给鄂尔泰。鄂尔泰接手之后又划给安南八十里，安南国王听了非常高兴，上疏表示感激。雍正心想，原来是个知好歹的啊，就又赏赐给他四十里地。等于在雍正手中，给了安南一百二十里地。

普天之下莫非王土，只要皇帝高兴，他可以随便把领土给别人。在雍正眼里，领土是自己的，并不是国家的，更不是百姓的。

大清和暹罗之间的关系则相对简单。从古至今，两国之间的关系一直比较友好。清朝建立后，顺治九年（1652年），暹罗国王第一次派人到中国来朝贡。后来，康熙规定暹罗每三年朝贡一次。康熙六十一年（1722年），清政府让暹罗在进贡的时候，运三十万石的米，分别送到福建、广东、宁波三处售卖，而且康熙给他们免税，但是如果超过了规定的数目则要征税。

雍正年间，暹罗大米源源不断地进入中国，这让雍正很高兴。雍正二年（1724年）十月，年羹尧的哥哥、广东巡抚年希尧上奏罗列了暹罗进献的贡物。雍正听了龙心大悦，赞扬道："暹罗不辞艰险给我们送来谷种、果树、洋鹿、猎犬等物品，确实恭顺有加，他们的货物就一概免税，作为对他们输诚向化之心的奖励吧！"

暹罗给中国的贡物，除了大米，主要是沉香、苏木、犀角、翠竹等物品，从中国购买的物品主要是丝绸和瓷器。雍正后来下令，永远免除暹罗物品的税收，对于向自己臣服的人，雍正表现出非常大度的一面。暹罗的使者秉承国王的意思，提出要买东京弓（满人用的弓）和中国铜钱，礼部认为这些东西都是禁品，无法出卖。但雍正听了后，显得非常豪爽，不仅同意，而且无偿地送给暹罗。在雍正看来，这不是贸易，而是宣扬国威。

总的来说，雍正朝，两国之间的关系非常和谐。

像爪哇国、吕宋、麻来亚（今印度尼西亚、菲律宾、马来西亚）等国家，在雍正时期跟中国的关系怎么样呢？

应该说，自古中国跟这些国家的关系就比较友好。可是，后来发生了一些变化。清朝建立后，世界格局发生了重大变化，新航路开辟后，西方殖民者到海外四处觅食。1511 年葡萄牙占领了马来西亚的马六甲州，1571 年西班牙舰队占领了菲律宾的马尼拉，1619 年荷兰军队占领了印度尼西亚的首都雅加达。

到了雍正年间，这些国家已经有了较久的被殖民的历史，基本上断绝了跟中国的交往。在这期间，只有菲律宾南部的一个岛国苏禄国跟中国保持着交往，这个岛国在 1915 年被并入菲律宾。早在明朝万历时，西班牙舰队就攻打苏禄国，但由于苏禄人占据着地利，还有他们誓死保卫领土的决心，西班牙人最终败兴而归。

雍正四年（1726 年），苏禄国王毋汉末毋拉律林派遣使者带着贡物到了福建，福建官员奏报后，雍正十分高兴，说："苏禄国远在海外，越洋而来，从来没有让他们进贡，他们居然主动输诚向化，应该表扬。他们来京的路上，沿途官员要好生招待，一切待遇从厚。"

苏禄使者到京后，雍正热情地招待他们，并确定了苏禄国五年朝贡一次。雍正十一年（1733 年），苏禄国国王奉表谢恩，并请求雍正帮他一个忙，国王的祖先东王于永乐年间朝贡时病逝于山东德州，东王的两个儿子在中国守墓，国王请求雍正翻修东王的坟墓，并照顾东王两个儿子的后代。

雍正一口应承，让人把东王的墓道、享亭、牌坊等翻修，并在东王的两个儿子安都禄（后代改姓安）和温哈喇（后代改姓温）的后代中各挑选一人，授予官职和俸禄。

雍正年间，中国和印度尼西亚、马来西亚、菲律宾这些殖民国家官方交往断绝，但是民间的交往却非常频繁。雍正年间，印度尼西亚雅加达的华人超过一万人，待在马来西亚马六甲的华人超过两万人，而菲律宾的华人近四万人。

雍正开放海禁后，许多商人来到这些国家，与他们进行贸易，有的人甚至定居在那里。

严格限制外商

在雍正朝，外商想要来中国贸易，必须停靠在广州港口。

雍正三年（1725 年），到广州的外国商船有十艘，其中英国船只有六艘，法国船只一艘，其余是南洋一些小国的船只。这些洋船带来的商品并不多，主要是一些黑铅、哔叽、胡椒、檀香、苏木等物品。当时的署理广东巡抚常赉说："没多少货物，大半是一些外国的银钱。"

来到广州的外国船，根据清政府的规定，一律停靠在黄埔港口。之后是严格的管理，船上的炮位由中国官员卸下来，暂且保存，离开时再发还。水手等人都要在船上等候，不得上岸，然后由海关进行征税和查货。中国与外贸无关的官员，一律不得进入外商船只。到了十一月、十二月，外商船只就必须离开。

与外商谈生意的官员又叫洋商或者官商，当时外号是“十三行”。雍正三年（1725年），广东巡抚杨文乾在行商中设立行头，专门让其中的六家商行处理外贸事务，这是清政府垄断外贸的一个措施，官商勾结，不让民间商人介入。权贵资本主义在中国是有渊源的。

当政府介入并垄断外贸时，要想没有腐败简直是痴人说梦，这些负责外商的官员贪污情况非常严重。当有人说杨文乾贪污时，雍正根本不信，他认为杨文乾是个一心为公不避嫌怨的好官员。所以当其他人揭发杨文乾时，雍正不仅不相信，还保护他。

真相出来的时候，雍正感到很意外，杨文乾的贪污情况令人发指。广东海关每年额定税收是四万两银子，杨文乾却以溢耗之名将多得的十一万两银子揣进自己的腰包；除此之外，对于外商带来的银两，杨文乾每两要抽三分九厘，中饱私囊两万两银子；根据清政府的规定，红颜色和黄颜色的绸缎不准出口，杨文乾却私下里允许，每匹绸缎抽银七钱，这一项得银一万两；外商船只回去之前，杨文乾不管他们买了多少货，根据他们携带的银两，每两加抽一分，获银四万三千两；此外，杨文乾还以孝敬皇上为名（其实是留着自己用），从外商船上挑选精巧的物品，这笔钱由洋行的中国商人支付，计约白银万两。

总的算下来，杨文乾贪污二十万两白银。

杨文乾这个人是雍正手下一个能干的大臣，在其他方面非常清廉，偏偏涉及外商时就贪污。雍正洞察出了他的心理："以为外商之事无关国计民生，贪污多少，都不会有损中国百姓，这样既可以得到实惠，又能自我感觉清廉。"事实上，很多官员跟杨文乾的想法相似，在其他地方当官很清廉，到了洋行就本性暴露。之所以有这种思想，跟他们的愚昧是有关系的，对外商盘剥，无疑会给别人留下不好的印象，他们回国之后肯定要说你坏话；另外，你这么做，以后谁还愿意跟你做生意。

当然，雍正也没有过分为难杨文乾，仅仅是让他吐出赃银，调换工作岗位而已。

我们知道，西方列强用鸦片战争打开中国国门。其实早在雍正时，就对鸦片非常警惕。那时卖到中国的鸦片还很少，但雍正已经下令严禁贩卖鸦片烟。七年（1729年），福建漳州知府李治国在陈远家中查获三十三斤鸦片，陈远被判处充军之罪。陈远觉得自己冤枉，说他的鸦片是药用的，不是鸦片烟。巡抚刘世明交给药店鉴别后，发现确实是药用鸦片，还没有制成烟，便将陈远无罪释放，但是鸦片要没收。

刘世明本想参李治国审案不明，又怕世人误会，以为要解除烟禁，所以给雍正一道密折。雍正的看法是："李治国在此案上虽然有欠明察，但也是因为实心办事过于仓促，情有可原，不参他是对的。至于没收陈远鸦片就不对了，如果这个人确实犯法了，就应该绳之以法。如果没有犯法，那干吗还要把他的东西储存在府库里。小民们生活不容易，这些东西是他的血本，本来就错怪了他，就更不应该夺了他的生计。即使是想留着日后作证据，也没有必要全留着，留一些样本就行了。这虽然是小事情，但是身为封疆大臣，千万别因为事情小就无所谓。”

除了对广州外商进行严格管理，雍正也没有放过澳门的外商。在康熙末年，禁止中国商人到南洋去贸易，结果澳门的外国人揽过这笔生意。他们不断地增加船只，扩大交易，在雍正初年已经有二十五只洋船了，澳门居住着三千五百多名西洋男女。

雍正元年（1723 年），通政司右通政梁文科奏请在澳门增设官兵，随时准备弹压。第二年，孔子的六十六世孙孔毓珣提出建议：“澳门现在有洋船二十五只，我们给他们限定，不能超过这个数目，船只坏了可以修，但不能再添，防止他们贸易扩大后，会有更多的西洋人过来居住。葡萄牙派来的管理者，可以自行更换，但是其他的人随船来随船去，不可以在澳门逗留。”

雍正批准了他的建议，限制了洋人的贸易活动，那些在澳门的洋人必须遵守清朝法律，还得缴纳赋税，如同侨民。

恰克图条约

中俄自从签订《尼布楚条约》之后，两国度过了一个相对和平的时期，当然，这并不意味着中俄两国没有矛盾和冲突，军事上的冲突没有，但是在边界问题和通商问题上有许多不同意见。

在彼得大帝时期，沙俄实行扩张政策，屡次对外征战，军费高昂导致国库空虚。所以，沙俄急需和中国通商来赚钱。康熙三十七年（1698 年）到康熙五十六年（1717 年），俄国官方和中国进行了十次贸易，每次俄国商队都超过了规定的二百人，有时甚至达到八百人。然而，沙俄很贪婪，一方面和中国通商，另一方面还寻思着蚕食中国土地，尤其对喀尔喀蒙古地区蚕食得特别严重。

除此之外，沙俄还经常引诱中国边民，教唆他们叛逃。沙俄种种不法的行为激起了康熙的愤怒，五十七年（1718 年），康熙禁止俄国商队入境。

俄国是典型的欺软怕硬型国家，康熙一强硬，他们就软化。康熙五十八年（1719 年），俄国派遣特使伊兹马伊洛夫出使中国，缓和中俄矛盾。伊兹马伊洛夫说好话后，康熙同意了俄国的通商请求。可惜，后来的事实证明，沙俄说好话不做好事。

康熙六十一年（1722年），得知俄国和准噶尔互通信使，康熙立即召见俄国的驻京大使郎克，指责俄国政府违约。郎克狡猾地说，自己只是商业代表，这个问题不在自己的管辖范围之内。郎克的话表面上是有道理的，当时他在北京的任务就是负责商业方面的事情。康熙很生气，立刻把郎克撵出中国，随后将俄国的商队全部扫地出门。可以说，中俄之间的关系一直受到俄国单方面的破坏。

雍正继位之后，继承了康熙的对俄政策，拒绝让俄国商队进入中国。这下，俄国政府没辙了，只能降低姿态跟雍正和好。雍正三年（1725年），沙俄派萨瓦伯爵率领代表团来华与清政府谈判。萨瓦临行前，俄国外交部授予他四十五条训令，俄商业部交给他二十条训令，另外，沙皇还给了他一些“锦囊”。

这些东西说白了就是他此行必须完成的任务，主要有：一、和中国缔结商业往来的条约，如果不能扩大商贸的话，至少要恢复中断了的商务往来；二、如果中国坚持要先解决边境问题，为了核心的商业利益，应该在边境问题上向中国作出一些让步；三、在和中国划定疆界时，不要把矿区、有价值的土地和战略要地划给中国；四、告诉中国，俄国已经决定引渡八十四名叛逃者；五、设法让卡尔奇特斯基主教秘密进入中国，然后设法为他争取在北京居住的权利，再设法让他拥有到全国各个郊区巡视和传教的权利，还必须设法让中国同意给主教一块地方建教堂；六、尽可能准确地探知中国的军事实力和资源。

这次谈判一共持续了两年，分两个阶段进行。第一阶段的谈判地点在北京，第二阶段的谈判地点在边境处布拉河。

第一阶段的谈判持续了半年多，俄国为了让中国尽快通商，收买了中国官员马齐。马齐向俄国代表团反映了中国方面的态度，由于沙俄急于和中国通商，中国也急于解决边境问题，经过三十轮谈判之后，双方达成了协议。两国互相引渡逃犯，每三年俄国商人可以自费到北京进行贸易，中国同意俄国在北京设立教堂，派遣留学生。

第二阶段的谈判在布拉河畔。清政府这次派出的首席谈判代表是隆科多，第二阶段的谈判主要是确定边界。在边界问题上，隆科多寸步不让，从而让谈判陷入僵局。像隆科多这种强硬的态度最适合对付俄国人，可惜后来雍正不知出于何种原因，把他调了回来，接着便开始把隆科多往死里整。隆科多被调走后，策凌当上首席代表，从前面我们知道，策凌打仗非常勇猛，但谈判显然不太内行。

经过四十八轮谈判，策凌与俄方签订了《中俄布连斯奇界约》。俄方代表萨瓦签订这个条约后，立即向沙皇报喜，说又得到了大片领土，萨瓦直言不讳地说："新的边界，对俄国极其有利，俄国领土实际扩展到蒙古境内好几天的里程，有些地段甚至有几个星期的里程。"

萨瓦扬扬得意地说，他之所以获得成功是因为隆科多被调离，另外收买了一些中国官员，得到了一些情报。萨瓦甚至把新修建的堡垒的功劳也算上去，好像中国对这个新堡垒产生恐惧心理，才签订了条约。

雍正六年九月十八日（1728 年 11 月 1 日），中俄正式在恰克图签订了《恰克图条约》。《恰克图条约》表面上对中国不利，俄国占了大便宜。但当时情况比较特殊，准噶尔问题让雍正至为头疼，所以他不得不做出一些让步，以便稳住俄国，好全力对付准噶尔。雍正签订这个不太平等的条约确实付出了不少的代价，像雍正这么精明的一个人，如果不是迫不得已，是不愿付出这么大代价的。

当然，历史毕竟是历史，我们无法身临其境，就很难了解他们的真实想法。

第十二章　雍正暴毙之谜

在专制时代，雍正算得上是一个勤政的好皇帝，自诩不好色也不好酒，可惜这始终是一个疑问。

我们无法推知雍正是否好色，但可以肯定的是他沉迷于道佛和丹药。雍正死后没几天，乾隆就下了一道谕旨，把炼丹的道士全都赶出宫。乾隆这么做，似乎是在暗示雍正的死可能跟道士和丹药有关。

吕四娘寻仇

十三年，说长不长说短不短，但不可否认的是雍正在执政期间，改革的力度是非常大的。他用十三年的时间翻修大清这座已经开始腐蚀的巍峨大厦，直到他去世，都没有竣工。不过，他已经做了绝大部分的事情。

雍正十三年（1735 年）八月二十三日凌晨，一股阴风吹过圆明园，大清极具争议的帝王雍正驾崩，享年五十八岁。

关于他的死，众说纷纭，疑云重重。因为雍正走得实在太突然了，从生病到死亡不到三天的时间。

在雍正“首席秘书”张廷玉的《自订年谱》中有详细记载。八月二十一日，雍正偶感不适，但仍然像往常一样听政。二十二日，雍正身体不好，半夜二鼓的时候，急召王公大臣进宫，张廷玉和鄂尔泰等人纷纷赶往圆明园。二十三日子时，雍正就龙驭上宾。

因为雍正死得过于仓促，难免有人揣测他的死因，加上雍正生前得罪了不少人，有人说他是遇刺毙命的。这种说法大多见于稗官野史中，如《满清外史》《清宫十三朝》《清宫遗闻》等，据说这个刺客叫吕四娘，是吕留良的孙女。

雍正六年（1728 年），发生了吕留良文字狱，吕氏一门，要么被处死，要么被流放，唯独吕四娘聪明伶俐，带着母亲逃了出来，躲在民间，隐姓埋名。后来，吕四娘遇到了武林高手甘凤池（李卫抓住的那个没有骨气的“侠客”），甘凤池教四娘武艺，四娘勤学苦练，终于练得一身好武功。后来，吕四娘乔装改扮，偷偷混入宫中，在雍正熟睡之时砍下了他的脑袋。

还有一个版本的说法是，文字狱后，吕四娘偷偷混进宫里，以宫女的身份伺候雍正，伺机得手的。

这种说法不太可信，并不是因为太离奇而不可信，而是跟事实不符。吕留良案子之后，吕家并没有漏网之人。雍正八年（1730年），社会上有谣言说吕家有漏网之人，雍正便讯问李卫："外间传言说有吕氏孤儿，一定要好好追查，如果查出有吕氏孤儿，朕可不能轻饶你……"

不久，李卫上密折说："吕氏一门，不论男女老幼全都监禁，连吕留良父子的坟墓也派人重重监视。"李卫的性格我们知道，做事情认真，是雍正朝第一大直脾气的清官。

如果真有这么一个吕四娘，是不是有可能混进宫里呢？也不太可能。在清朝罪犯没入功臣家为奴的例子不少，但雍正对吕案却没有这样处置，因为吕案关系重大，属于情节严重的犯人，所以只能发到宁古塔，做披甲人的奴仆。

既然不太可能，为什么吕四娘刺杀雍正的说法流传了两百多年呢？其实野史的这个传言还是来自雍正的宠臣鄂尔泰的传记。

根据《鄂尔泰传》的记载，雍正暴毙的那天没有任何异样，跟往常一样上朝，午后忽然召鄂尔泰进宫，此时，外间已经风传雍正暴毙的事情。鄂尔泰来不及套上马鞍，就往宫里飞驰，以致腿都磨出了血。入宫以后，鄂尔泰在宫里待了三天三夜才出来，没吃一顿饭。当时天下太平，而且乾隆已成年，为什么仓皇到这个地步呢？所以，人们纷纷猜测"遇刺说"或许是真的。

然而，这个证据也不可靠。查看鄂尔泰的十几种版本的传记，只有袁枚的《行略》中有类似的记载。但是里面也没有提到雍正当天就驾崩了，更没说到鄂尔泰几天没吃一顿饭。而且《行略》的记载本身就有夸大和渲染的倾向，不是严格的史书。

其实，雍正真正暴亡的时间可能是二十二日晚上，也就是说比史书记载的死得更突然。为什么这么说呢？史官之所以写成二十三日子时就是为了削弱暴亡的效应，给人感觉雍正的死亡推迟了一天，其实时间相隔很短。

袁枚可以算是鄂尔泰的一个门生，后来受鄂尔泰的后人之托为老师写传记，自然想突出雍正驾崩之时鄂尔泰焦急的心情，之后又写鄂尔泰拥立新君，袁枚把这些功劳全都堆到鄂尔泰一人身上。其实事实不是这样的，雍正驾崩之时身边有很多人，包括大学士张廷玉。

所以，我们可以肯定雍正不是被刺杀的，更不是被吕四娘刺杀的，那为什么这个传言的市场这么大？

首先，跟雍正这个人有关系。雍正干了太多在一般老百姓看来大逆不道的事情，譬如谋父夺嫡、逼死兄弟、抄家流放等，有些不是事实，但流传很广。因此，一般人对雍正这个皇帝有一种仇恨的心理，自然希望他不得好死。而且雍正的性格非常奇怪，给人很神秘的感觉，人们连血滴子都想象得出来，那么吕四娘又为何不能刺杀雍正呢？

其次，雍正上台之后为了维护统治实行了铁腕政策，百姓都敢怒不敢言。杜撰一个像吕四娘这样的巾帼英雄，可以满足内心深处的遗憾，一个女子就杀了雍正，这跟谣传乾隆是陈阁老的儿子性质是一样的。

再次，圆明园确实出现过刺客，不过那是嘉庆朝的事情，将嘉庆朝发生的故事安在更加神秘的雍正身上，也是可以理解的。

最后，雍正死得实在太仓促了，一般人理解不了，好好的一个人怎么就突然死了呢？自然而然就联想到刺客。

还有一种说法更离奇，说雍正是被宫女缢死的，这种传说也犯了张冠李戴的错误。这个说法出现在清末的《梵天庐丛录》中，说是在雍正九年（1731 年），宫女和太监吴守义、霍成等人在雍正熟睡之际，用绳子勒他，就在雍正快断气的时候，太医过来救活了他。宫女想勒死皇帝这种事情确实有，但不是发生在清朝，而是在明朝的嘉靖年间。雍正和嘉靖的庙号都是世宗，可能有人搞混了。

丹药中毒

年轻时，雍正身体很好，甚至有传言他会武功。继位后，雍正也经常说自己身体好。雍正七年（1729 年）开始，雍正的身体开始出现状况，差点一病不起。

八年（1730 年），雍正自己形容这场病：“朕从去年就觉得身体有点不舒服，当时没在意。今年二月，忽然发寒热，饮食也没规律，夜里很难入眠，这种情况持续了两个多月。

到今年五月怡亲王逝世，朕亲自发丧，抒发了心中的哀痛之情，没想到病慢慢好了。”

八年（1730年）正月，雍正让田文镜、李卫、鄂尔泰等人为自己推荐医术高明的郎中。后来，李卫给他推荐了一个叫贾士芳的道士。贾士芳本来是北京白云观里的一个道士，允祥曾经向雍正推荐过他，但雍正觉得他没用就把他遣走了。李卫这次又举荐了他，看来这个道士可能真有两把刷子。

贾士芳来了后，一边给雍正念经，一边帮他推拿。效果应该很好，雍正还对鄂尔泰说贾士芳的调治很有效果。没过多久，雍正就感觉不对劲，他觉得贾士芳能够操纵自己的健康，想要自己的身体好就好，想要自己不舒服就能让自己不舒服。所以，雍正宣布贾士芳是妖人，竟将贾士芳斩杀。

在专制时代，雍正算得上是一个勤政的好皇帝，自诩不好色也不好酒，可惜这始终是一个疑问。

我们无法推知雍正是否好色，但可以肯定的是他沉迷于道佛和丹药。雍正死后没几天，乾隆就下了一道谕旨，把炼丹的道士全都赶出宫。乾隆这么做，似乎是在暗示雍正的死可能跟道士和丹药有关。中国历史上，皇帝死于丹药的不乏其人，大名鼎鼎的秦始皇就可能是死于丹药。

雍正在治国方面跟他的老爸康熙一样信奉儒家，康熙虽然对道术有所涉猎，但是一直很克制，没有沉迷。雍正却不一样，雍正在宫中蓄养了大量的佛道之士。康熙对科学比较感兴趣，所以宫里有许多传教士，对于占卜和炼丹，康熙也有兴趣，但没有沉溺其中，所以康熙说："朕虽然用喇嘛、和尚、道士，但并没有让他们占卜。"其实，康熙说的不是实话，从他的一些朱批可以看出来，康熙也信占卜那一套。康熙虽然不相信丹药，但还是经常让道士们在宫廷内炼丹，可能是出于一种好奇心。道士炼好丹药后，康熙自己不尝，让道士尝，结果很多道士不幸暴毙。

雍正的文化修养相当高，为人的城府也相当深，治国相当老到。在治国上，他以儒家为宣传手段，但真正实行的是法家思想。在个人的信仰上，他倾向于佛教；涉及养生这块，他又非常相信道教，他认为通过修炼道术和服食丹药，可以延年益寿。雍正特别推崇紫阳真人，认为他的《悟真篇》是炼丹的真经，所以在雍正的诗歌里有大量关于炼丹的诗。

雍正究竟从何时起迷恋丹药，我们找不到可靠的资料。很显然，刚当皇帝的几年，他没有太多的时间去忙这些事情，即使有兴趣，也只能放在一边。六年以后，纷繁复杂的国事终于被他整顿得井然有序，这时候也有余闲了。当然，此时他的身体明显不如以前，想找一些道士来帮自己延年益寿也在情理之中。

史书记载了雍正生病的情况：忽寒忽热，睡卧不宁。这病可能是操劳过度引起的，也可能是酒色伤身引起的。当然，从史书来看，雍正既不好酒，也不好色，事实究竟如何不得而知。曾静曾经攻击雍正酗酒好色，在《大义觉迷录》中，雍正对此进行了反驳。

雍正说："朕不好酒是出于天性，以前提督路振扬进京问朕，皇上看上去完全不像喝酒的样子，怎么外面有传言说皇上好饮酒。现在弥天罪人诽谤朕酗酒，跟外面的传言是一个道理。"

雍正二年（1724年），山东巡抚黄炳进献荔枝酒四箱，雍正在密折上批道："像这样的东西不能多献，朕向来不善饮酒，原本就是用来赏赐给别人的。"

至于好色，雍正更是不承认："朕自幼就不好色，当皇帝以后宫人少得可怜，朕常常自问：天下有几个像朕这样不好色的人？"

雍正也许并非死于酒色，不幸的是，他死在自己宠信的道士手中。

当时很多人希望雍正早点死，不过现在我们知道，雍正死得早对大清是一种损失。如果他活到父亲康熙那岁数，历史会是什么样呢？如果他活到儿子乾隆那岁数，历史又会是怎样的呢？我们不知道，或许历史将要发生变化，清帝国的根基可能会更稳固一些。

道家的真谛确实有延年益寿的作用，雍正倾心道家本来也是一件好事，如果他真按照紫阳真人的思想去做，估计也不会早死。因为紫阳真人在《悟真篇》中说的金丹，其实不是指外丹，而是指内丹，内丹是通过修炼精气神，在体内形成的。在《悟真篇》中，紫阳真人明确指出外丹为旁门左道。

雍正八年（1730年），四川巡抚宪德给雍正发了一道密折。在四川成都仁寿县，有一个叫龚伦的人，活了九十多岁，善于养生，八十六岁时还让小妾生了孩子。龚伦精通岐黄之术，有龚仙人之称。雍正让宪德去拜访这个人，好好对待这个人，然后尽快把他送到京城。宪德后来奏称，这个人生于崇祯时，在雍正六年（1728年）时就已经去世。雍正听说他已经去世，觉得非常可惜，但仍不甘心，问宪德："他的儿子中有没有懂得父亲养生之道的，必须优待他们，然后婉转地跟他们说，才能得到实话。"

可惜，龚伦的儿子没有得到真传，或者得到了，怕出什么差错，没人敢担这个责任。宪德没办法，只好又给雍正推荐了一个王道士，没想到这个王道士是个臭名昭著的骗子，后来被雍正撵走。从这些事情可以看出，雍正当年求长寿之急切，也由此可以判断出他当时的健康状况可能不太好。

贾士芳死后，雍正不但没有怀疑道士，道教活动反而更加频繁。在皇宫里，钦安殿是专门用于从事道教活动的，此外，雍正还让道士们在太和殿和乾清宫等主要宫殿里放上神板，还在寝宫养心殿里设置斗坛。为了做法事，雍正一次就让苏州织造为道士们做丝缎法衣六十件。

雍正最宠信的还是后来南派的张太虚与王定乾两个道士。

雍正炼丹，这是绝密事件，在正史是找不到记载的，但是仍然可以发现一些蛛丝马迹。在内务府账本《活计档》中，记载圆明园东南的秀清村在内务府总管海望主持下，先后运进四千斤煤炭，然后用铅汞为雍正炼丹。

丹炉一打开，就没有再停止。根据档案记载，在雍正最后五年，平均每个月往圆明园运送炼丹的物品至少有两三次，总共有煤一百九十二吨，木炭四十二吨，还有大量的铁、铜、铅制器皿，以及矿银、红铜、黑铅、硫黄等矿物，并有大量的杉木架黄纸牌位、糊黄绢木盘、黄布（绢）桌围、黄布（绢）空单等物件。这些物品，都是炼丹必需品。

雍正在位期间，还有一个人称“娄真人”的道士地位颇高，此人名为娄近垣，他是个道士，思想却非常世俗，有许多王公大臣问他养生之道，他回答说：“王公们锦衣玉食，就已经是神仙了。”由此可以看出，娄近垣这个人不简单，不完全是个修道的道士，雍正很宠信他，赏给他一万七千两银子，拨款大修龙虎山上道教宫殿。

张太虚和王定乾专门负责为雍正炼丹。现在我们知道，丹药含有大量的重金属，对人体有剧毒，所以雍正很有可能是服食丹药中毒而亡。

入葬西陵

雍正死后，遗体被运往皇宫，安置在乾清宫里。九月十一日，又将他的棺木移送到雍和宫，也就是他做皇子时住的地方。乾隆二年（1737 年）三月初三，雍正棺木才下葬清西陵的泰陵地宫。

顺治和康熙都是葬在遵化的清东陵，这里就出现了一个问题，雍正为什么要与众不同，葬在清西陵呢？

第一个问题是：究竟是不是乾隆的安排呢？答案：不是。清西陵是雍正生前指定的墓地。雍正生前，指派允祥为他寻找晚年吉地，自从允祥找到以后，就一直修建陵墓，直到雍正去世，陵墓都没有修好。所以说，这件事情跟乾隆没有任何关系。

很多人纷纷猜测，雍正之所以不葬在清东陵，就是因为谋父篡位，通过卑鄙的手段登上皇位，继位后又对手足展开杀戮，所以害怕在地下见到康熙。这种看法认为，雍正选择西陵是因为心中有鬼，再加上他真的相信鬼神之说，所以极力回避康熙。

我们不妨回头看看雍正生前是如何对待陵寝之事的。雍正四年（1726 年），雍正吩咐允祥去办理山陵大事。第二年，他又派总兵李楠带着风水先生去东陵，打算在东陵选择一块风水宝地。由此可以看出，雍正最开始是打算葬在东陵的。后来，允祥找到了九凤朝阳山地，雍正也觉得风水不错，就让他们施工。施工后发现这块山地带沙石，不是风水宝地，只好作罢，让允祥继续寻找。后来在易县找到了一块万吉之地，也就是现在的清西陵。

这里确实是一块宝地，西有云蒙山，北有泰宁山，南临易水河，奇峰环抱，清水蜿蜒流过，而且土质很好，不含沙石。雍正和大臣们都认为这个地方是块宝地。当时雍正也考虑到这个问题，自己葬在这里似乎有些不妥，根据清朝的规矩，子随父葬，祖辈衍继。如果自己葬在这里，会不会有人说自己不孝？

于是，雍正故意让大臣们商量，看看这么做是不是跟古代帝王的古制有什么不合的地方。大臣们引经据典，说这么做跟古代的体制没有什么不合的地方，自古就有先例。雍正一听，眉头舒展，说道："这样的话，朕就安心了。"

由此可以看出，雍正选择西陵并不是怕死后见到康熙，而是觉得西陵这块地风水很好。有人可能奇怪了，难道东陵的风水不好吗？东陵的风水也好，确实好，但是最好的地方都被顺治和康熙占了，雍正去的话，只能选择相对偏僻的地方，这对于自视甚高的雍正来说是有些委屈的。

泰陵这个名字则是乾隆取的，应该比较符合雍正的心愿。

第十三章　揭秘雍正的双面性格与家庭生活

雍正是一个有着狂热倾向的人，说他是一个工作狂并不过分。像这样的人做事难免会有些急躁，尽管急躁，雍正却不粗心，反而很细心。在雍正身上，同时具备躁狂和严谨两种性格。雍正是一个非常复杂的人，一方面他残忍苛刻，另一方面他又讲究公正，心怀仁慈，时时以有德之君自居。

工作狂

雍正是一个权力欲非常强的皇帝，当皇帝是他最热爱的工作，因为有兴趣所以有动力。在政治上，雍正是一个追求完美的人，所以他那么不知疲倦地工作着。对雍正来说，最有意义的一件事就是管理好国家，让各个阶层的人都各居其位，各安其职。

雍正是一个有着狂热倾向的人，说他是一个工作狂并不过分。像这样的人做事难免会有些急躁，尽管急躁，雍正却不粗心，反而很细心。在雍正身上，同时具备躁狂和严谨两种性格。雍正是一个非常复杂的人，一方面他残忍苛刻，另一方面他又讲究公正，心怀仁慈，时时以有德之君自居。

虽然对工作有一种狂热的喜欢，但雍正的爱好很多，比如炼丹学道，爱好精美的器皿，喜欢秀书法，喜欢写诗，对绘画也颇能欣赏。

雍正这个工作狂究竟勤劳到什么地步？

根据雍正自己的说法，有时候处理朝政，尤其是处理那些紧急事务的时候，他会精神倍增。雍正六年（1728 年）十月是秋审的时候，雍正负责在犯人的名字前打钩，这工作看起来非常轻松，其实很累。不只是打钩这么简单，在决定是不是打钩之前，他要详细研究案例，判断这个人是不是真的应该处决。

雍正对大臣说："人命关天，所以做这事时朕特别费神，不敢有丝毫疏忽。对朕来说，这是很稀松平常的。朕每天处理政务，从日出到日落，精神都好得很，从来没有觉得困乏。如果休闲了片刻，反倒觉得不舒服。朕勤于政事，实在是天性乐于此，并不是勉强的。"

我们可以看看秋审那会儿，雍正一天的办公情况。

雍正六年（1728 年）九月二十二日上午，雍正发出一道上谕，严令督抚不得借耗羡归公之名贪污；接着，又发出一道上谕，讨论贵州改土归流的事情；接着，批准户部奏请，在京城建立粥厂。这些事情干完后，雍正又处理了刑部发来的两个案子，还有工部奏议的山东官员制造战船的案子。随后，批准刑部尚书励廷仪《肃清盐政事宜四款》的奏疏，还批复了山西提督袁立相推荐官员的奏折。

下午，雍正来到洞明堂，和大学士马齐、张廷玉等人审阅云南、贵州、四川、广西等三十八个杀人犯。雍正认为，凡是用刀刃杀人的犯人都应该处以死刑，不是用金属利器的，可以考虑减刑。毕竟人命关天，雍正随后又召刑部尚书德明和励廷仪等人，征求他们的意见，最后才勾决。

二十四日上午，雍正根据翰林院的奏请，补授日讲起居注官，之后分批接见官员，总共有十四批官员，每批有拟正、拟陪人员。雍正通过和他们面谈，然后确定任用哪些人。下午一两点，雍正到达洞明堂，勾决七十五个犯人。在讨论刑罚时，雍正问得非常仔细，比如其中有一个叫刘二的犯人，因为使用假银子而犯法，刑部拟定处以绞刑。雍正问在康熙时有没有对用假银子处以绞刑的。大学士徐元梦回答说，这是新例，以前没有，雍正听了，决定把这个案子缓一缓。

从这些记录可以看出，雍正断案是努力追求明察秋毫的。当时，全国的官员都知道雍正非常勤政，大家纷纷奏请皇上不要太过操劳。雍正还有在夜晚工作的习惯，尤其是批阅那些密折，雍正更习惯在晚上。他曾经对鄂尔泰说，白天工作没有闲暇，而且有时候心境不宁。在灯下批阅，反而精神更好。

在工作时间上，雍正不分昼夜，只要精神好，晚上也工作。在地点上，他更是不拘常规，甚至在温泉疗养的时候，也批阅奏折。正因为雍正工作如此疯狂，有人说他在理政的十三年里比康熙六十一年做的事情还多。

雍正的双面性格

雍正的朱批中有这样一段话："遇事举动，外要柔和，内存刚毅，若能如此为之，才是大丈夫。若外刚而内柔，则不足取也。"

雍正这是教导臣下做人要外柔内刚，在雍正身上也确实体现着这种性格，不过，雍正身上刚猛残酷的一面可能远远多于慈柔。

雍正残忍的一面大家都见识过，他对待自己的政敌，对待那些曾经跟自己争权的兄弟是非常残酷的。宗室中只要得罪过雍正的，都没有好下场。

在对待功臣年羹尧和隆科多的事情上，雍正也充分展现了自己心狠手辣的一面。他对年羹尧好的时候，说出的话非常肉麻："朕实不知如何疼你，方有颜对天地神明也……我君臣非泛泛无因而来者，朕实庆幸之至……"

对隆科多，雍正尊称为舅舅，左一个舅舅隆科多，右一个舅舅隆科多，无比亲热。

然而，年羹尧手握军权，党羽众多，让雍正有威胁感。本来去除威胁，只要解除对方的军权就行了，但是雍正做得相当绝，剥夺年羹尧的军权和职位之后，给他罗织罪名九十二条，他还逼迫年羹尧自杀，甚至说："你自尽后，如果稍有怨恨之意，那么佛教中所谓永堕地狱万劫不复也不能消减你的罪孽。"心肠之狠，实属罕见。

隆科多虽然不像年羹尧那样功高震主，但也位高权重，让雍正很不爽。显然，雍正对隆科多的恨稍稍少于对年羹尧的恨，但也给隆科多列出了四十多条罪状。最后，隆科多死于囚禁的地方。

还有钱名世的案子。钱名世是江苏一个文人，给年羹尧写了几首拍马屁的诗，被查了出来。雍正说他是文人中的败类，不配为儒林中人，亲笔书写了"名教罪人"四个字，让钱名世挂在自己的大门上。此外，雍正还让全国各地的官员每人写一首诗讽刺钱名世，再由钱名世收集出版，然后发给全国各地的官员。

读书人为了混口饭吃，写几篇拍马屁的文章是很正常的事情。雍正让这些人写诗讽刺钱名世，其实是等于让他们写诗讽刺自己。所以，很多人并不愿意这么做。如果有人写得不好，敷衍了事，雍正就重重处罚他们，甚至比对钱名世的处罚更重。

雍正的狠不只是表现在钢刀杀人上，还擅长用软刀子杀人。杨名时，康熙三十年（1691 年）进士，担任学政时，经常提拔出身贫寒的学生，深受康熙重用，于康熙五十九年（1720 年）担任云南巡抚。其间，他清廉守正，官声非常好。但雍正却认为他是沽名钓誉，雍正三年（1725 年），雍正授予他云贵总督的职位。雍正曾因为杨名时泄露密折的内容，终止杨名时书写密折的权力，后来，又恢复了。可是后来杨名时又误将奏折中的朱批写进了题本里，雍正认为他是故意这么做，以表示对密折制度的不满。

怎么处置杨名时好呢？雍正想了很久，终于想出了个招数。

他让鄂尔泰去云南做巡抚，同时管云贵总督事。什么意思呢？就是让下属管理上司，杨名时做什么都必须向鄂尔泰禀报，以此让杨名时颜面无存，在当地各级官员面前丢份。

雍正五年（1727 年），杨名时即将被免职之际，上疏请求修治洱海。雍正想，他早不题请晚不题请，这时候题请分明是沽名钓誉，想博得好名声，顺便给下一任留下重担。雍正说，好，既然如此，你就别离开云南，继续待在那里吧，洱海就由你来修了，一切费用自己出。杨名时是个清官，根本拿不出钱来兴修水利。雍正这么做，就是因为他认定杨名时是沽名钓誉的伪君子。还有一层原因是为了推行新政，杨名时是老资格的官员，对新政有一些不满，雍正拿他开刀，想起到杀鸡儆猴的作用。

后来，雍正死后，乾隆召杨名时进京，群众夹道欢迎。

可见，不管雍正如何打压杨名时，公道自在人心。

雍正有对官员防范、苛刻的一面，也有施恩爱护的一面。

雍正六年（1728 年），安徽学政李凤翥建议对拖欠欠粮的生监加重处罚，给他们三次期限，期限一过，就在县衙里当众责打，褫夺博取功名的权利。雍正对此的看法是，读书人懂道理，所以在征粮上应该比一般老百姓要求更严格一些，但是应该考虑到一旦当众责打读书人，这辈子他们都抬不起头来，褫夺他们博取功名的机会，他们一辈子就没有进身的机会。雍正说即使这些读书人不珍惜功名，我也替他们惋惜。所以不要做得这么绝，而且读书人中有贫有富，对于富裕的应该要求严格一些，对于穷人，多给他们宽限时日吧！从这件事上可以看出雍正并不是一个完全冷酷的人，他还是有恻隐之心的。

还有一次，雍正在阅读《圣祖实录》的时候，发现以前的四川总督李国英作战英勇，为国家立下汗马功劳，便让人去寻找他的子孙。李国英的孙子李永升以前当过南阳总兵，可惜很不称职，经常收受陋规，后来被人参革，到驿站效力。雍正召见李永升后，授予他为参领，对他说："纵然你不学你的祖父做一个好官，但是朕实不忍心忘记你祖父的功劳啊！"在这件事上，雍正表现出了念旧的一面，他不忍心冷落功臣的后代，所以又召回他，用仁爱之心教育他。

雍正在朱批中对臣子关爱的地方很多，有的很虚，有的却是真情流露。这充分说明了他性格的矛盾性，一方面他残忍刻薄，疑心很重；另一方面在不伤害自己利益的前提下，他又有仁爱之心。

雍正的特长与爱好

鄂尔泰编纂的《清世宗实录》中对雍正有这样的记载：

“天表奇伟，隆准颀身，双耳丰垂，目光炯照，音吐洪亮，举止端凝。……幼耽诗书，博览弗倦，精究理学之原，旁彻性宗之旨。天章睿发，立就万言。书法遒雄，妙兼众体。每筹度事理，评骘人才，因端竟委，烛照如神。韬略机宜，皆所洞悉。”

雍正声音洪亮是事实，根据《李朝实录》的记载，朝鲜官员李𣝗在北京待了一段时间，回国后，对国王说雍正“气象英发，语言洪亮”。

鄂尔泰说雍正饱读诗书，对理学和宗教都有自己独到的看法，这一点不假。雍正小的时候受过严格的教育，学习课程包括文武两个大的方面，文化方面又包括满文和汉文。雍正当了四十多年的皇子，其间读了大量的书，不比现在的作家读书少，至于儒家经典，他更是烂熟于心。

雍正读书有自己独到的理解，为什么这么说呢？在儒家的教科书里，说人君以天的心为自己的心，而人臣以君主的心为自己的心。雍正认为这个观点和君臣同心同德的观念不合，不论人君还是人臣，都应该以天心为自己的心。换句话说，那种逢迎巴结的臣子并不是好臣子。

除了精通经学之外，雍正对历史也相当熟悉。他统治期间，经常吸收前朝的历史经验，从而有利于自己的统治。雍正的许多权谋和韬略在一定程度上借鉴了历史的经验。

雍正对自然科学的兴趣相对不如康熙，他更相信天人感应的学说。在这个基础上，雍正对鬼神非常迷信，办事一定要选黄道吉日，譬如岳钟琪西路军大迁移之时，雍正要先看历书决定时间。地方官赴任的时候，雍正也要给他们选定日期，一定要选择吉日出行。

有一次年羹尧要进京，雍正却不让他进来，理由是年羹尧的八字当年不宜进京。雍正还让年羹尧不要告诉别人自己的真八字，以防仇家用巫蛊厌胜之术伤害自己。雍正还让鄂尔泰和岳钟琪把八字告诉自己，鄂尔泰和岳钟琪都觉得这是极大的恩宠。雍正对鄂尔泰说："因为你身体虚弱，所以要你的八字，看看你能活多久。"

文采方面，雍正也相当不错，他写的那些诗虽然谈不上是什么名作，但平仄对仗工整，意境也很独特。在雍正的朱批中，文字非常简洁流畅，从中我们也能看到雍正的文采和思想。书法更是雍正非常自豪的一项才能，当然这跟康熙的教育是分不开的，康熙皇子们的书法都非常不错。雍正能够写得一手好字应该感谢康熙的严格要求，宫殿里许多匾额都是雍正亲笔书写的。康熙逝世后，要写《景陵圣德神功碑》，雍正先让擅长书法的允祉、允祐及翰林院中的书法高手写。之后，雍正又要亲自来写，他说这么做不是为了自耀其长，实在是因为父亲去世，悲思之情很深，如果不亲笔书写，心中过意不去。写完之后，雍正让大臣们评价，说谁写得好就用谁的，大家不必有所顾忌，实话实说。大臣们自然纷纷恭维雍正的书法最好，理当用雍正的墨迹。

雍正曾把自己和父亲康熙做比较，认为自己几乎事事不如父亲，唯有洞察下情这块比父亲做得好。说实话，雍正这话还是谦虚了点。其实，雍正是非常自信的，他相信自己的政治智慧，相信自己是一个很了不起的帝王。五年（1727 年），雍正说过这样一番话："朕已经五十岁了，处理的事务和政事上的历练都很多，再加上朕非常勤政，宵衣旰食。对是非曲直心里有定见，不致为流言所浮动。"

雍正甚至坦言自己的能力比任何臣子都强。年羹尧只不过是总督的料，远远不具备做天子的才能。他曾在李绂的奏折上批道："你自从被擢用以来，识见实属平常，看人的眼光也不是很老到深刻。朕之所以用你，是因为你性情直率、心地纯良。你只要听朕的教导，将来有一天肯定能更加成熟。……在智慧上，你确实比朕差远了，为什么这样说呢？朕经历了这么多的事，所以在动心忍性这块很少有人能比得上朕。如果以为能够背诵几篇老套的文章，说话掉书袋，就怀有轻视朕的心思，你将来恐怕后悔莫及……"

雍正深知做一个皇帝不容易，所以铸造了"为君难"宝印，认为皇帝一举一动都关系到整个国家，应该比大臣们更谨慎。一个皇帝要想治理好国家，必须广开言路，如果臣下有非常荒谬的建议，也不能惩罚，否则就没人敢提建议了。

所以，为君之道既要从谏如流，又要有自己的原则和看法。

雍正的家庭生活

我们先来说说雍正跟母亲的关系。根据正史的记载，雍正跟母亲的关系很和谐。

据说乌雅氏生病后，雍正放下政务，亲自到永和宫去照顾母亲。正史记载，这段时间雍正亲自为母亲熬汤煎药，昼夜不离母亲左右，直到母亲去世。母亲去世后，雍正悲痛欲绝，望着母亲的遗体，雍正哭声震天，茶饭不思。丧礼极其隆重，雍正极其痛苦。

但我们不能完全相信正史的记载。皇太后死去不久，就有传言说她是被雍正逼死的，起因是她想看望被囚禁的十四子允禵，但雍正不允许。最后，太后就在铁柱上撞死了。雍正认为这种传言是塞思黑和阿其那传出去的，所以对他们进行了残酷的惩治。

此外，雍正还对逼母传言做出了辩解，而且自认为辩解得无懈可击，极为高明：一、太后本身就有病，是痰疾，加上康熙死后，悲痛交加无以释怀，最后旧病复发而死；二、太后天性仁爱慈祥，言下之意是像这样的人怎么可能做出撞柱自杀的事；三、康熙生前就看不起允禵，绝对没有将皇位传给他的意思，太后对允禵也很不喜欢，曾经对人说过："我只知道皇帝是我亲生儿子，允禵在我心中跟众阿哥一样，没有格外更亲之处。"允禵想要拜见太后，太后都不答应，更别提太后会主动要见他……

让我们奇怪的是，雍正的辩解是在六年后和曾静对簿公堂时说的，太后死的时候，雍正丝毫没有公布她有痰疾，到底有没有痰疾也没人知道。雍正虽然表现得很像一个孝子，但事实上太后对于他的"孝道"好像非常冷淡，好像知道这个人在演戏一样。对于雍正登基，太后的反应是："这事我没想到，连做梦都没想到。"说明雍正即位，在当时确实是一个大冷门。

新皇帝即位后，生母一般都要举行典礼，尊为皇太后，并上徽号、表文、册文、金宝。乌雅氏开始坚决不接受"仁寿皇太后"的尊号，在雍正和大臣们坚决要求下才回答说："知道了。"但她还是不愿意举行典礼，并借口说康熙的梓宫还没有移送景陵，举行典礼不适合。后来，康熙移送景陵后，雍正也没有再提起这事。还有一件事非常蹊跷，雍正即位后，让太后从永和宫搬到皇太后居住的永寿宫，但是乌雅氏坚决不搬。这两件事有些奇怪，似乎雍正当上皇帝后，乌雅氏持一种消极不合作的姿态，好像不愿正视雍正当皇帝。

丧礼之隆重也有些反常。雍正声称自己悲痛欲绝，有一天哭过几十次的记录，雍正还表示要素服斋戒三十三个月，尽三年谅阴之礼。做得如此过头反而让人怀疑他是在演戏给世人看。当年夏天，天气炎热，雍正不顾自己身上的畏暑症，也不理臣下的劝阻，坚持每天到母亲的梓宫前祭奠。可是，在母亲逝世三周年时，雍正却借口身体不舒服，没去母亲陵前祭扫。这是非常奇怪的，中国古代最重礼节，尤其注重对亡者的礼节。母亲逝世三周年大礼都不去，很容易被人讥讽为不孝，但雍正对此并不在乎，似乎有风平浪静之后高枕无忧的感觉。

考虑到雍正对兄弟们的所作所为，乌雅氏自杀的可能性不是没有。

我们再来看看雍正的后宫生活。雍正这个人是个不知疲倦的“作秀”天才，他非常在乎自己在世人和后人眼中的形象，所以竭力给世人留下一个勤政爱民的好皇帝形象，他最怕的就是给人留下好色皇帝的形象。所以，他当皇帝后，没有扩充后宫，后妃基本上是以前王府中福晋、格格升过来的。

皇帝的婚姻多是政治联姻，顺治是最典型的例子，他的几任皇后都是孝庄为他挑选的，顺治一个都不喜欢。康熙也是这样的，不过还好他和皇后之间产生了爱情。雍正做了四十多年的皇子，一般来说，皇子的婚姻与政治没有太大的关联，但是也有特殊的情况。譬如，雍正和年贵妃的婚姻就是实打实的政治联姻。

年氏是年羹尧的妹妹，雍正娶年氏的时候年羹尧的地位还不是很突出，所以一开始，政治联姻的因素不是很大。但是后来，情况发生了变化，年羹尧变成了封疆大吏，雍正还只是一个皇子，所以他竭力拉拢年羹尧。

从康熙五十四年（1715 年）到五十九年（1720 年），年氏为雍正生下三男一女，可惜全都不幸夭折，最大的活到了八岁。在这段时间里，没有其他妃子生子，可见雍正专宠年氏。雍正专宠年氏应该是有政治目的的，裙带关系在其中很重要，如果雍正对年氏不好，必然会影响与年羹尧的合作。稳定了年氏在一定程度上意味着稳定了年羹尧。

不仅善待年氏，雍正对年羹尧的父亲年遐龄也相当好，简直把他当成了自己的父亲。雍正当皇帝后，年氏被封为贵妃，地位仅次于皇后。

随着雍正跟年羹尧关系的破裂，年贵妃的好日子也到头了。雍正三年（1725 年）十一月，发出一道上谕，意思是年贵妃已经得了重病，万一去世了，一切按照皇贵妃的礼仪办，此外还大大夸奖了年贵妃的才德。人还没死就预先假定对方死了，给人感觉像是巴不得这人早死。果然如雍正所料，年贵妃没过几天就死了，到底是怎么死的就没人知道了。

而且，连年贵妃葬的地方都是一个谜，有人说葬在遵化城九凤朝阳山，但是在那里没有看到她的墓地；有人说她葬在雍正的泰陵里面，是乾隆将她移葬在里面的，但究竟怎样还有待证实。

年贵妃死后一个月，年羹尧家族和党徒就开始遭殃了。

接下来我们说说雍正跟子女的关系。

中国古代讲究多子多福，作为帝王，更是子女众多。这看起来是好事，但也是坏事，学过生物的人都知道，一个种群的数量如果发展过快，很容易对环境构成压力，从而破坏生态平衡。帝王的子女如果过多，会加重老百姓的负担，因为皇子皇女消耗太大，而且都不从事生产。当然，古代的皇帝们可能认识不到这点，但他们至少可以认识到，子女过多，很容易造成家庭的破裂，雍正对此深有感触，自己的兄弟过多，导致储位争夺白热化，差点对大清江山构成威胁。

雍正吸取教训，只生了十个儿子，其中只有四个活到成年。而且这十个儿子几乎都是雍正做皇子时生的，当皇帝后的十年里，雍正直到十一年（1733 年）才生了弘瞻，大概是想证明自己不好色，是一个勤政的好皇帝。

雍正的四个成年儿子分别是弘时、弘历、弘昼、弘瞻。弘时是长子，关于弘时，史书记载相当少，《清史稿》中有这么一句话："弘时雍正五年以放纵不谨，削宗籍，无封。"

弘时性格可能比较倔强，不受约束，生活放纵，难以得到康熙和雍正赏识，弘时干脆破罐子破摔。在康熙晚年，允祉的长子弘晟和允祺的长子弘昇都被封为王府世子，弘时当时的年龄也达到了标准，却没有受封，充分说明康熙不看好他。

雍正建立秘密建储的制度时，曾说过这样一句话："朕的诸皇子尚幼，立储之事，现在怎么可以进行呢？"

真实的情况是当时弘时已经十九岁了，都已经成年了，怎么能说年幼呢？难道雍正在开玩笑吗？雍正不是一个会随便开玩笑的人，他说出这种话表明他早已把弘时排除在储位之外。

弘时就算得不到康熙的赏识，那他究竟为什么也让自己的父亲不满呢？要知道，雍正只有四个儿子，把父爱分成四份也有四分之一。

在雍正三年（1725 年）上半年的时候，雍正似乎对弘时还抱有希望，当然不是指望他继承大统，只是希望他做一个贤明的皇子。雍正特地为自己的皇子从全国各地招聘有名的老师，弘时的老师是王懋竑，此人是一个理学专家，五十一岁考中进士，考中进士后，康熙居然没有把他留在京城，他只能回乡教书，可谓尝尽人间沧桑。确实如此，王懋竑对程朱理学研究得非常透彻，讲究淡泊无欲，还对王阳明的心学深有体会。雍正让这么一个人来教育弘时，可谓用心良苦，希望弘时能够改邪归正。

后来，王懋竑的母亲病逝，只好回家守丧。临行前，雍正对他说："不必遵制守丧三年，料理完丧事就回京吧！"可见，雍正对王懋竑的教育是满意的，在王懋竑守丧期间，雍正经常派人催他进京。

第二年八月，王懋竑赶到京城时，却发现再也见不到皇上和弘时了。只好客居旅馆，半年来无所事事。又过了一年，他收到圣旨，让他回家养老。发生了什么事情呢？

虽然史书中没有记载，但我们可以推测雍正和弘时产生了矛盾，而且矛盾激化，父子绝情。那段时间，雍正将已经过继给允禩的弘时从玉牒中除名，并交给允祹抚养，换句话说就是不要这个儿子了。

这难免让人猜测，雍正为什么要对亲生儿子这么狠，到底是什么原因导致他如此冷酷地对待弘时呢？

在史书中无法找到记录，有学者猜测，雍正在打击八王允禩集团时，弘时站在允禩的立场为他说话，结果引爆了雍正的终极愤怒，直接将他从宗室里除名。弘时对雍正肯定也没有好感，因为雍正很早就让他与储位绝缘，在他看来父亲偏心，自己是长子居然这么没地位；另外，弘时了解雍正这个人，知道父亲是个两面派，这些都导致弘时对雍正缺乏起码的尊重，所以选择支持允禩来表达自己对雍正的不满。

弘时的下场是很惨的，最后死于囚禁之所，年仅二十四岁。这就是跟一个皇帝作对的下场，哪怕这个人是皇子，也不例外。

弘昼比乾隆小三个月，两人从小同吃同住，虽然不是同一个母亲，但比同母兄弟更亲。也许正因为关系这么近，乾隆当皇帝后，弘昼很不开心，他时时处在皇兄的权威之下，郁郁寡欢，思想变态，居然喜欢玩一种“装死人”的游戏，他躺在那里装死人，让别人绕着他哭。最后，弘昼抑郁而死，终年五十五岁。

弘瞻事实上是由乾隆抚养长大的，雍正生弘瞻时已经五十六岁，一般老人对于幼子是特别宠爱的。雍正去世后，乾隆对弘瞻照顾得非常周到，正因为过于溺爱纵容，导致弘瞻变成一个骄纵不法的纨绔子弟。后来，乾隆对他略施惩罚，他一时间适应不了，居然一病不起，终年三十岁。

雍正是一个极少天伦之乐的皇帝，在他的四个儿子中，唯一让他满意的是弘历，其他几个儿子都拖累了他的名声。

第十四章　雍正不为人知的一面

雍正是一个善于制造舆论的皇帝，他不仅善于治国，也是一个“作秀”高手，之所以在他身上留下了太多的谜，就是因为他高超的“造假”本领。你可以在某段时间内欺骗所有的人，也能永远地欺骗某一部分的人，但你不能永远欺骗所有的人。

其实他很奢靡

雍正是一个善于制造舆论的皇帝，他不仅善于治国，也是一个“作秀”高手，之所以在他身上留下了太多的谜，就是因为他高超的“造假”本领。你可以在某段时间内欺骗所有的人，也能永远地欺骗某一部分的人，但你不能永远欺骗所有的人。

譬如，雍正留给后人这样一个印象：一个勤政的好皇帝，生活节俭，不好色，但是个性严苛。

所以雍正死后，很多人认为他是累死的。但是，真实情况可能并不是这样的。我们基本上可以推断雍正是服食丹药暴亡，并不是累死的。

在很长一段时间，人们都认为雍正是一个非常节俭的皇帝，不仅正史如此记载，民间也大多持这种看法。然而，清朝内务府的《活计档》却暴露出一个真实的雍正，他不仅不是一个节俭的皇帝，而且相当奢靡。

作为一个皇帝，奢靡无可厚非，但一边奢靡一边把自己打造成尧舜禹汤那样的帝王，就非常虚伪了。

雍正确实是这样的人，用伪君子来形容他并不过分，当然他这么做有很强的政治动机，但这些并不能成为道德缺陷的借口。雍正喜欢抄家，一方面是反腐，充实国库；另一方面也可以说是中饱私囊。抄家之后，金玉古玩从全国各地滚滚涌入皇宫。

雍正元年（1723年）三月十八日，怡亲王允祥献出五十六幅古画；四月二十八日，内监呈上镶嵌宝石的黄金托盘八十七件，雍正吩咐让作坊加工；十月初七日，庄亲王献上玉簪一百七十九件、珊瑚二十件、玉戒指十三件……

这些都是珍宝，很多还是稀世珍宝，然而很多东西雍正都看不上眼，让人拿开，别碍着他的金眼，由此可见雍正的奢侈。

要想了解雍正的私生活我们可以从清廷的造办处来寻找蛛丝马迹。造办处是专门为皇家服务的机构，里面有大量的作坊。皇室里面的日常用品和艺术珍品很多都在里面加工，皇家的奢侈或节俭在这里一览无余。

雍正喜欢下棋，棋盘和棋子都是特制的，棋盘必须出自宫廷顶级画家之手，宫廷画家唐岱和郎世宁都画过棋盘，棋盘用象牙或银母（云母）制成。在制作象棋棋子时，雍正让太监刘玉拿来一个棋子，对他说："棋子上面要镶嵌珐琅片，棋盘要做成折叠式的，要做得紧凑些。"

还有一次，雍正让内务府做檀木围棋，棋盘分上下两面，上面下象棋，下面下围棋，要用象牙镶嵌，里面颜色也有格外的要求。

雍正也喜欢玩骨牌，牌和匣子的制作都有严格要求，质料非常考究。

除此之外，雍正还非常喜欢盆景艺术，对一些奇异的花草石头很感兴趣，尤其喜欢将荔枝树做成盆景。

在宫中有许多宝格，用来放置各种各样的奇珍异宝，雍正甚至亲自设计宝格，他在给内务府郎中海望的上谕中说："'九洲清晏'陈设的宝格两层都是楠木的，里面放着古玩，看着不起色。你照着这个尺寸，再做两架黑漆宝格……宝格外面的口线，用紫檀木包镶。内做锦套，外面用布面纺丝裹套。再做一木套箱，下安穿绳眼，将格内安上玛瑙、玉器、磁铜等古玩……"

宝格里的宝物都是顶级的，而且要不时更换。雍正看腻了就要换上更好、更新鲜的。雍正十三年（1735年）七月九日，雍正对年希尧说："'九洲清晏'宝格里有一个空处，你根据尺寸，寻找一个合适的宝物，或者玉器，或者铜器，或者瓷器，记住，一定要上好的。"

所谓上好的就是年代久远，秦砖汉瓦那种类型的，达不到年代久远，再好看的宝物也不算上好的。

这些记载跟我们印象中的雍正实在相差太远。无论正史、野史，雍正给人的印象总是严肃、狠毒、刻薄寡情，但是真实的雍正却有着完全不同的一面。故宫中有一张雍正戴西洋假发的画像，雍正去世前二十天，还让人寻找像西洋人那样上翘的黑胡子。死前二十多天且有如此闲情雅致，可见此人天性爱玩，是个享乐主义者，只是他身上的责任感特别强烈，没有因为享乐而耽误正事。

雍正还特别喜欢玩具，在记载中多次出现"自行虎"这种玩具，这是一种木质的老虎，里面有发条，上好发条后，可以行走一段距离。

雍正虽然没有做什么大兴土木的事，但是对于园林也相当喜爱。圆明园本是离宫，但雍正把大半的时间都花在那里。他花了大量的银子来装饰圆明园，譬如耗巨资在里面做了一个人工瀑布。雍正还喜欢看戏，圆明园里的戏台非常豪华。正因为雍正喜欢看戏，野史中记载有雍正看戏杀人的传说。

鸟和狗一直为八旗子弟所喜爱，雍正也不能免俗，他经常下旨让内务府做鸟笼。雍正养狗的资料就更多了，外地进贡了一条好狗，雍正还让郎世宁为狗写生。雍正甚至为狗做老虎衣、麒麟衣。

写到这里，相信读者对雍正有了更加立体鲜活的印象，雍正是一个有生活情趣的人，但有些过分奢靡。在政治上，雍正不喜欢受掣制，乾纲独断。不过，雍正确实是一个很复杂的人，他虽然奢侈，却也有节约意识，譬如他经常命令“废物”再利用。

雍正三年（1725 年）十月，他让海望把鼻烟壶改造成水壶；雍正四年（1726 年）三月，海望献上一件寿山石罗汉，雍正说旁边的狮子不太好看，让他改成西洋狗；雍正四年（1726 年）五月，海望拿出一个雕竹香筒，雍正让他把这个改造成晾衣架，用来挂毛笔或者衣帽；更荒唐的是，他还让人将痰盂改成棋盒，如此“节省”确实匪夷所思。

雍正与西洋画家郎世宁

郎世宁是来自意大利的一个画家，他来中国的主要目的是传教，不过由于清政府的政策，这个理想无法实现。

一般的传教士在这种情况下只能听天由命，过着郁郁不得志的生活，但是郎世宁用一支画笔改变了自己的命运。为了迎合雍正的审美趣味，郎世宁改用中国画笔，将西洋画法和中国画法融为一体，放弃强烈的明暗对比，不使用投影技术，但保留西洋画的立体效果和焦点透视。

由于郎世宁画工深厚，很快就得到了雍正的欣赏。但是史书上关于他的记载却很少，他去世于乾隆三十一年（1766年），活了七十八岁。《清史稿》里有他的传记，不过只有四十二字。尽管字数寥寥，但对郎世宁的评价很高，说他精通各种画法，各种各样的东西都画得惟妙惟肖。

尽管清史中对他记载得非常少，但在国外的一些著作里详细地介绍了他。所以，我们大致能了解郎世宁的生平。1688年7月19日，他出生于意大利米兰，十九岁加入教会，堪称一个绘画天才，曾为教堂作壁画。1715年，即二十七岁时来华，在宫廷内担任画师，经历过康雍乾三朝。郎世宁去世后，乾隆赐他侍郎头衔，赏银三百两给他治丧，郎世宁葬于北京阜成门外葡萄牙墓地。

郎世宁本来不是想在中国画画的，可惜来得不是时候，没法传教，但是郎世宁从来没有忘记传教。乾隆期间，郎世宁三次请求乾隆放开对宗教的限制，前两次都收到了一定的效果，第三次却失败了。

我们还记得雍正曾召集二十名教士共进晚餐，其中就有郎世宁。宋君荣在给法国国王的信中提到雍正特别欣赏意大利画家郎世宁。

乾隆曾经赐给郎世宁一个正三品的头衔，这当然只是荣誉头衔，不管实事。郎世宁在雍正朝却连荣誉头衔也没有，身份就是西洋画家。这并不是因为雍正不愿封外籍人士为官，譬如徐懋德就当上钦天监监副，戴进贤当过钦天监监正，外加礼部侍郎头衔。雍正没封郎世宁大概是把郎世宁看成私人画家。

宫廷画师的待遇也分三六九等，最高的待遇是月薪十一两银子，有时候奖金比工资高多了，一幅画画得让皇帝满意，往往大手一挥，抵得上一年的工资。我们不知道郎世宁的工资和奖金，以他跟雍正的关系，工资应该低不了。

宫廷里一般都会给画师供应膳食，我们来看看一些画师的伙食。德天赐和巴茂正每天有三斤肉，每月七只半菜鸡。潘廷章、贺清泰每天有三斤肉、三斤菜。每人每天白面十四两，白糖、澄沙各五钱，甜酱一两六钱，时蔬三斤，红枣、桃仁、龙眼、荔枝、葡萄各二两，时鲜水果八个。

伙食固然丰富，但管理也相当严格，充分说明在清宫廷里混饭吃也不容易。画师们要遵守很多规矩，首先，不可以做私活，只能为宫廷服务。其次，不可以偷懒，耗费钱粮，如果发现懒惰者和旷班者，要从重责罚。怡亲王允祥还命令官吏到画坊里到处巡视，如果发现谁没来，就要惩治。

今天一些在设计公司里工作的艺术家有的苦衷，这些宫廷画师全有。比如，他们不能擅自动笔，不能自己想怎样画就怎样画，要服从领导的安排，画画的准绳不是艺术价值，而是领导的满意程度。在画画之前，先得弄个类似素描的东西交给上司，上司批准了才能作画。在画画的过程中还要遵守许多规则，法国画师王致诚曾经对朋友发牢骚说：“掣肘太多了，无法发挥自己的特长。”

乾隆曾经批评王致诚：“你这个油画虽然画得还不错，但是水彩画让朕不太满意。”最后，乾隆还派来一些平庸的中国画师来指导王致诚，让王致诚的自尊心受到了伤害。

雍正对郎世宁没那么苛求，不过也有让郎世宁很不爽的时候，譬如有一次画小狗，雍正就批评说：“你这个狗画得虽然好，但是尾巴上的毛太短了，身体也小了些，再画一张吧！”郎世宁花了半个月的时间重新画了一幅，没想到八天后，雍正还让他再画一张。郎世宁这次花了近一个月的时间才完成。

雍正五年（1727 年），让郎世宁在圆明园万字房围屏空白处作画，画完之后，雍正说：“画面太稀疏了，再修改修改吧！”

七年（1729 年），让郎世宁画窗棂画，郎世宁呈上三张画稿，雍正只批准了其中的一张，雍正还指导郎世宁怎么画，在画里面要加入什么元素。

尽管雍正看起来很苛刻，但是和乾隆相比，仍然算是一个好皇帝，乾隆更挑剔，而且也更喜欢折磨人。乾隆二年（1737 年），谕令画师们画圆明园巨幅画，限期五十天内完成。由于要求苛刻，时间紧迫，王致诚发出这样的感慨：“供职于内廷，简直形同囚犯。”

郎世宁的取材确实很广泛，花草、鸟兽、人物都有。郎世宁甚至画过双圆哈密瓜，动物中郎世宁还画过老虎，后来这幅画落到日本大阪的阿部房次郎的手中。郎世宁是唯一一个出现在《活计档》中的西洋画家，而且出现的频率非常高。宫廷的“画状元”满洲人唐岱对郎世宁的才能表示自愧不如，唐岱是山水画高手，对油画和水彩都不是很擅长，而郎世宁是个多面手，什么都能画。

作为一个画家，郎世宁的生活应该很不错，不过也很辛苦，即使到了晚年，也没多少时间休息，在乾隆手下干活并不轻松。但他乐此不疲，显然对自己的生活是满意的，尽管没有实现传教的愿望，但多少实现了人生的价值，满足了内心的成就感。我想，这就是郎世宁甘愿埋骨异乡的原因。

佛性难洗君王心

雍正对佛教是很痴迷的，年轻时曾经雇人代自己出家，这是当时贵族的一个习惯。当皇帝后，他自称四和尚，并将雍亲王府改造成喇嘛寺。

根据雍正自己的说法，他从少年起就非常喜欢阅读佛教典籍，以此显示自己很有佛性。成年之后，雍正跟僧侣们交往比较密切，一方面这确实是他的兴趣，另一方面这也是障眼法。说来，他能当上皇帝还得感谢佛教呢！

在康熙五十一年（1712年）和五十二年（1713年）间，雍正在自己的府里举行法会，跟佛门高僧切磋，得到章嘉的指点，据说突破了三关。章嘉赞许雍正得到了善知识，从此心性自由无拘束。雍正则尊称章嘉为自己的恩师。

即使在信佛这块，雍正也表现出了好胜的一面。他自诩佛法高深，要找京城里有名的高僧辩论，最后迫使对方承认："王爷的智慧实在高深莫测，贫僧自愧不如，无可奈何。"

雍正为了掩盖储位争夺，曾经编辑了《悦心集》，里面收录了无名氏的一首醒世歌："南来北往走西东，看得浮生总是空。天也空，地也空，人生杳杳在其中。日也空，月也空，来来往往有何功。田也空，地也空，换了多少主人翁。金也空，银也空，死后何曾在手中。妻也空，子也空，黄泉路上不相逢。大藏经中空是色，般若经中色是空。朝走西来暮走东，人生恰是采花蜂。采得百花成蜜后，到头辛苦一场空。夜深听得三更鼓，翻身不觉五更钟。从头仔细思量看，便是南柯一梦中。"

雍正即位后，自称十年未谈禅宗。真实情况当然不是这样的，雍正不仅谈论佛道，还自称"释主"。在和允祥交谈时，他自称野僧，还写下了一首诗："谁道空门最上乘，漫言白日可飞升。垂裳宇内一闲客，不衲人间个野僧。"

雍正五年（1727年），大臣庆贺黄河清晏，蒙古王公也在其中，要求为雍正诵经祈福。雍正笑说："如果蒙古地区因为做佛事人畜兴旺，那是受朕之赐，朕就是释主了。"

雍正给自己取了很多名号，比如破尘居士、圆明居士，以示自己是个不一般的皇帝，得道高深。不仅如此，他还亲自收徒，十一年（1733 年），他收了十四个徒弟。其中，俗家子弟八人，和尚五人，道士一人。看来，雍正觉得当皇帝还不过瘾，还想当教主当圣人。

文觉禅师在宫中时，雍正曾多次召他一起讨论军国大事，把他当成重要的谋士。据说在年羹尧、隆科多、允禩、允禟的案子中，文觉禅师都出了不少主意。

雍正十一年（1733 年），文觉禅师奉命回江南朝山，仪式和王公等同，所到之处地方官无不对他顶礼膜拜。

还有一件事能反映雍正对佛的真正态度，迦陵性音是雍正的老朋友，雍正当皇帝前，两人经常坐而论道。雍正当皇帝后，性音并没有像其他和尚一样水涨船高，只因他对权势没兴趣，想去庐山隐居修行。到了庐山后，性音拒绝与官场来往，四年之后圆寂。雍正夸奖性音“深悟圆通，能阐微妙”，追封他为国师，将其语录收入经藏。

但是，几年之后，雍正忽然性情大变，说他早看出性音这个人品行不端，经常做一些非法的事情，所以在登基之后把他赶出京，以维护法门的清规。更过分的是，雍正说性音的语录有不少含糊处，根本没有大彻大悟，这等于是在否认了性音的佛品之后进一步否定了性音的能力。雍正将性音的封号取消，还不允许性音的门徒记录自己以前和性音的谈话。

雍正为什么一反常态呢？史书没有记载原因，我们猜测可能是性音跟门徒说了什么话，这些话涉及雍正的隐私，又恰好传到雍正的耳朵里，所以雍正大怒，前后判若两人。

朝臣中大多还是儒家的信徒，对于雍正崇佛，大家心里都不满。

譬如，雍正五年（1727年），雍正问左都御史沈近思："听说你年轻时入过佛门，敢情你也精通一些佛门真谛，不妨说与朕听听。"雍正当然不是真心向他请教佛法，雍正早已自诩教主了，自是想借着机会卖弄一下。

然而，沈近思却回答说："臣少年时确实在佛门待过一段时间，但那是因为穷困潦倒，等到参加科举后，专心于经世之学，以便报效国家，又怎么会有闲情研究佛学呢？臣知道皇上聪明天纵，早就领悟了大乘的学问，但是天下万机全都系于皇上一身，臣希望皇上做尧舜，不要做释迦。即便是臣懂得佛学，也不敢妄自向皇上陈说。"

沈近思的话带着典型的儒家色彩，在当时是非常冠冕堂皇的，雍正只好当面认错，说以后改正。

有一次，雍正宴请群臣。宴席上，有人为了拍雍正马屁，大谈禅学。这时，雍正问户部侍郎赵殿最："你懂禅学吗？"赵殿最说："不好意思，没学过。"雍正笑道："没学过没关系，你也谈谈对禅学的看法吧！"

赵殿最对佛教很反感，于是用儒家的道理阐释一通，雍正哭笑不得，对群臣说："别人是慧根，他是钝根啊！"

许多官员甚至从实际行动上抑制佛教。雍正三年（1725年），御史钱以瑛上奏，请求让各省督抚勒令僧尼还俗。唐山县令还驱逐和尚，强行把僧舍改为民房。有的地方甚至建议把僧舍改成书院……

对这些行动，雍正表现出了极大的愤慨，但还是能保持相当的克制。比如，那个唐山县令做得就有点过分了，雍正下旨把他抓了起来。侍郎留保以开导县令的口气为他说情："这些僧人都是没有生计的穷人，寺庙就相当于收容所，皇上留下他们，就如同周文王爱民，把他们当作鳏寡孤独来照顾。"

那个县令不知是不懂，还是装不懂，总之仍然对佛教仇视。雍正听留保说话好听，也没有为难那县令。

对于自己信佛扬佛，能言善辩的雍正也做出了"高明"的辩解。他一方面说佛教确实对治理国家没有任何裨益，另一方面又说佛教有益人的身心，还说治国之道自有古代圣王的哲学，而佛法是见心明性的学问，所以自己从来不让僧人参政。这显然是狡辩，雍正也知道让僧人参政瞒不了所有的人，便又为自己辩解："我祖顺治曾经召僧人玉林琇进宫研究佛学，这就如同黄帝到崆峒山寻访广成子，询问修身治国之道。"

雍正的言下之意是：顺治习佛如同黄帝问道，黄帝是中国第一圣王，他这么做是对的，那么顺治的做法也是对的，而自己只是效仿顺治。

雍正信佛更多的是出于一种兴趣和愿望，算不上真正的信仰。雍正对权力有着超强的欲望，这种欲望从根本上是与佛性相抵触的，所以我们后人完全不必把他信佛当真，当成他的一种爱好和兴趣更适合。

如果雍正真的领悟了佛法，我们很难想象他要如何面对那么多屈死在他手中的冤魂。当然，我们抱着善意的态度，希望雍正在极乐世界享受着快乐。

清朝皇帝列表

（清建国于1616年，初称后金，1636年始改国号为清，1644年入关。）

姓名	庙号	年号	年份	陵墓
爱新觉罗·努尔哈赤	太祖	天命	1616	福陵
爱新觉罗·皇太极	太宗	天聪　崇德	1627　1636	昭陵
爱新觉罗·福临	世祖	顺治	1644	孝陵
爱新觉罗·玄烨	圣祖	康熙	1662	景陵
爱新觉罗·胤禛	世宗	雍正	1723	泰陵
爱新觉罗·弘历	高宗	乾隆	1736	裕陵
爱新觉罗·颙琰	仁宗	嘉庆	1796	昌陵
爱新觉罗·旻宁	宣宗	道光	1821	慕陵
爱新觉罗·奕詝	文宗	咸丰	1851	定陵
爱新觉罗·载淳	穆宗	同治	1862	惠陵
爱新觉罗·载湉	德宗	光绪	1875	崇陵
爱新觉罗·溥仪		宣统	1909	华龙陵园

图书在版编目(CIP)数据

这才是清朝. 4，雍正王朝 / 鹿鼎公子著. —2版
. —北京：中国法制出版社，2023.6（2025. 12重印）
ISBN 978-7-5216-2909-5

Ⅰ. ①这… Ⅱ. ①鹿… Ⅲ. ①中国历史—清代—通俗读物 Ⅳ. ①K249.09

中国版本图书馆CIP数据核字（2022）第173576号

策划编辑：胡 艺（ngaihu@gmail.com）
责任编辑：刘 悦 封面设计：汪要军

这才是清朝 . 4，雍正王朝
ZHE CAI SHI QINGCHAO. 4，YONGZHENG WANGCHAO
著者 / 鹿鼎公子
经销 / 新华书店
印刷 / 北京虎彩文化传播有限公司
开本 / 880毫米 × 1230毫米 32开 印张 / 7.75 字数 / 148千
版次 / 2023年6月第2版 2025年12月第6次印刷

中国法制出版社出版
书号ISBN 978-7-5216-2909-5 定价：39.80元

北京市西城区西便门西里甲16号西便门办公区
邮政编码：100053 传真：010-63141600
网址：http://www.zgfzs.com **编辑部电话：**010-63141819
市场营销部电话：010-63141612 **总编室电话：**010-63141606
（如有印装质量问题，请与本社总编室联系。）